Richard Deiß

Leonardo des Nordens und Mini-Monet

Malerbeinamen und Bilderfakten, welche Ihnen gerade noch gefehlt haben

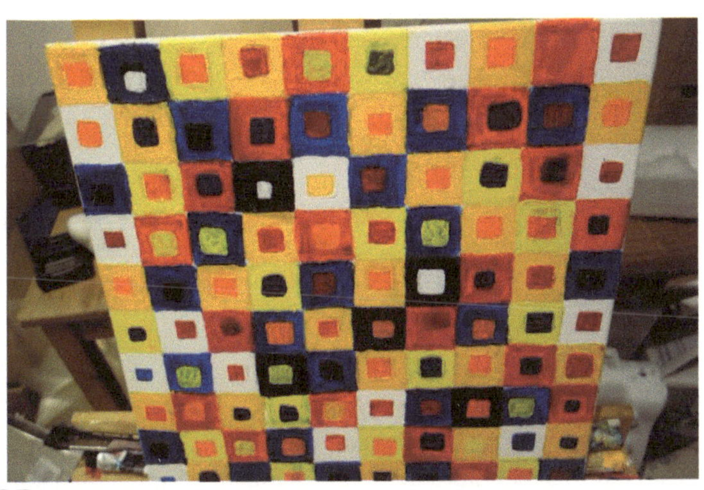

RD

Adresse des Autors:
Mainstr. 12
D-42117 Wuppertal
Richard.Deiss@gmail.com

Bilder Seite 1, 25, 31: Autor

Herstellung und Verlag: BoD- Books on Demand, Norderstedt

Zweite Auflage, Originalausgabe

Printed in Germany

Der Inhalt dieses Buches entspricht der Privatmeinung des Autors.

Dieses Buch ist meinem Neffen Salvador D. gewidmet.

ISBN   978-3-848-2513-46

Bibliografische Information der Deutschen Nationalbibliothek

Die Deutsche Nationalbibliothek verzeichnet diese Publikation in der Deutschen Nationalbibliografie; detaillierte bibliografische Daten sind im Internet über http://dnb.d-nb.de abrufbar.

Inhalt

Vorwort 4

1	100 Malerantonomasien	5
2	100 Weitere Malerbeinamen	25
3	100 Beinamen von Bildern und Museen	31
4	100 Wortspiele und Witze	40
5	100 Zitate von Künstlern	53
6	100 Berühmte Bilder	65
7	100 Kunstmuseen in Deutschland	71
8	100 Künstlermuseen	79
9	100 Kunstbuchläden	84
10	100 Künstlergrabstätten	90

Anhang 98

Literatur 118

Vorwort

Dieses Büchlein schließt eine Lücke, was die Auflistung von Künstlerbeinamen betrifft. Über 100 vergleichende Beinamen (Antonomasien) von Malern und Bildhauern und zusätzlich etwa 100 andere Beinamen von Künstlern, Bildern und Museen sind in diesem Bändchen in Tabellen zusammengestellt und teilweise im Text kurz erörtert.

Weil das ein kleines Taschenbuch noch nicht füllt, ist diese Beinamensammlung durch kunstbezogene Witze und Wortspiele, Künstlerzitate und durch andere Listen ergänzt, so dass sich 10 Kapitel mit jeweils über 100 Elementen ergeben. Insgesamt sind also über 1000 buchbezogene Elemente auf etwa 100 Seiten aufgezählt. Das Ergebnis ist demgemäß sehr listen- und tabellenlastig.

Ich hoffe dennoch, die Zusammenstellung in diesem kleinen Bändchen ist für alle, die sich für Kunst und insbesondere Malerei interessieren, als kleines Nachschlagewerk auch ohne viel Text nützlich und im Zitat- und (Wort)Witzeteil auch unterhaltsam.
Anregungen und Hinweise auf weitere Beinamen sind jederzeit willkommen.

Eine Neuauflage ist in den nächsten Jahren geplant.

Wuppertal, im November 2019
Richard Deiß

1. 100 Malerantonomasien (Beinamen)

In diesem Kapitel werden auf jeweils einer Seite Maler (bzw. bildende Künstler) aufgeführt, welche Beinamengeber für mindestens zwei andere Maler sind. Weniger häufige Malerbeinamengeber werden am Schluss des Kapitels in einer Tabelle wiedergegeben. Andere, nicht vergleichende BMalerbeinamen finden sich in den Tabellen des zweiten Kapitels.

Die häufigsten Beinamengeber sind Picasso als Inbegriff eines modernen Malergenies, Beuys als Multi-Technik-Künstler und Michelangelo, vor allem als Bildhauer, weniger jedoch als Maler.

Maler/Künstler	Gelistete Antonomasien
Picasso	17
Michelangelo	11
Beuys	9
Raffael	9
Leonardo da Vinci	9
Apelles	7
Van Gogh	6
Rembrandt	5
Monet	4
Spitzweg	3
Rodin	3
Caravaggio	3
William Turner	2
Salvador Dali	2
Verschiedene Antonomasien	8

Picasso (1881-1973)

Maler/Künstler	Zeit	Beiname
Qi Baishi	1864-1957	Chinas Picasso
Otto Niemeyer-Holstein	1896-1984	Picasso des Nordens
Zhang Daqian	1899-1983	Picasso of the East
Tarsila do Amaral	1886-1973	Picasso Brasiliens
M. F. Husain	1915-2011	Picasso of India
Norval Morrisseau	1931-2007	Picasso of the North
Gerhard Richter	*1932	Picasso des 21. Jahrh.
Paco Gorospe	1939-2002	Picasso of the Philippines
Alexander Königs	*1966	Picasso der Pisten
Alexandra Nechita	*1985	Petite Picasso
Leon Löwentraut	*1998	Neuer Picasso, Bubicasso
Troy Howe	*1971	Bicasso
Mohammed Quraiqe	*2002	Picasso of Palestine
Kieron Williamson	*2002	Mini-Picasso
Farhad Nouri	*2007	Little Picasso

Ich male die Welt, wie ich sie mir vorstelle, nicht wie ich sie sehe. Picasso

Picasso ist der Inbegriff eines modernen Künstlergenies. Picasso war hochproduktiv und ist wahrscheinlich der Künstler, der mit seinen tausenden Kunstwerken, die zu hohem Preis gehandelt werden und viele Museen bestücken, den höchsten wirtschaftlichen Wert geschaffen hat. Picasso steht teilweise für ein bestimmtes expressives Stil-Spektrum (weshalb der junge deutsche Maler Löwentraut mit ihm verglichen wird), teilweise einfach für einen bedeutenden Maler allgemein, was dazu führt, dass auch chinesische und indische Maler einen Picasso-Beinamen bekommen haben. Mit *Picasso der Pisten* ist kein Skifahrer, sondern ein (Berg-) Panoramamaler gemeint. Der kenianisch-britische Künstler Tery Howe zeichnet berühmte

Gemälde kongenial mit dem Kugelschreiber nach. Bic Crystal (bzw. Bic pen) vom französischen Hersteller Société Bic ist der meistverkaufte Kugelschreiber der Welt (mehr als 100 Milliarden Exemplare wurden bereits verkauft). Der Markenname wird in manchen Sprachen mit Kugelschreiber gleichgesetzt und Howes Beiname ist deshalb auch *Bicasso*. Der deutsche Künstler Gerhard Richter wurde ebenfalls schon mit Picasso verglichen. Hohe Produktivität und hohe Preise machen ihn zum umsatzstärksten lebenden Künstler.

Eine Welle von ‘kleinen Picassos’ hatte bereits in den 1990er Jahren mit der rumänisch-amerikanischen Künstlerin Alexandra Nechita (*1985) begonnen. Mit fünf Jahren malte sie bereits mit Wasserfarben, mit sieben mit Öl- und Acrylfarben. Längst eine erwachsene Frau, malt Nechita mittlerweile im kubistischem Stil.

Der Brite Kieron William malte bereits mit 7 Jahren, und das sehr professionell und bekam dadurch Beinamen wie *Mini-Monet* oder *Mini-Picasso*. Der im selben Jahr (2002) geborene Mohammed Quraiqe aus dem Flüchtlingslager Shujaiya im Gazastreifen, malt, wenn es hart auf hart kommt, auch mal mit Kaffee, Sand und Klebstoff und wird wegen seiner expressiven Kunstfertigkeit auch als *Picasso of Palestine* bezeichnet. Der afghanische Flüchtlingsjunge Farhad Nouri begann ebenfalls in einem Flüchtlingslager mit dem Zeichnen und zwar so talentiert, dass die Medien auf ihn aufmerksam wurden und ihn als *Little Picasso* bezeichneten. Teilweise steht Picasso sogar ganz allgemein für einen genialen Künstler im weitesten Sinne. Beispiele der brasilianische Architekt Oscar Niemeyer oder der britische Musiker David Bowie. Bud Spencer wurde bereits als Backpfeifen-Picasso bezeichnet.

Person	Zeit	Beiname
Oscar Niemeyer	1907-2012	Picasso of Concrete
David Bowie	1947-2016	Picasso of Pop

Michelangelo (1475-1564)

Maler/Bildhauer	Zeit	Beiname
Gaspar Becerra	1520-1570	Spanischer Michelangelo
Caravaggio	1571-1610	Anti-Michelangelo
Öndör G. Dsanabadsar	1635-1723	Michelangelo des Ostens
Andreas Schlüter	1659-1714	Michelangelo des Nordens
Matthias Bernh. Braun	1684-1738	Böhmischer Michelangelo
Auguste Rodin	1840-1917	Michelangelo der Moderne
Tatsuo Horuichi	*1940	Michelangelo of MS Excel
Manfred Reinhart	*1964	Fränkischer Michelangelo
Guido Nincheri	1885-1973	Michelangelo of Montreal

Perfektion ist keine Kleinigkeit, aber Kleinigkeiten machen sie aus. Michelangelo

Michelangelo, auch *der Göttliche* genannt, steht für einen bedeutenden Bildhauer, seltener für einen Maler, obwohl er in beiden Bereichen große Kunstwerke schuf. Auguste Rodin dürfte fast so berühmt und bedeutend wie Michelangelo sein und den Beinamen verdient haben, doch einen gegenwärtigen fränkischen Künstler wie Manfred Reinhart als Michelangelo zu bezeichnen, zeigt, dass es zu wenig andere eingebürgerte Bildhauer-Referenzen gibt, die angemessener wären. Im 17. Jahrhundert wurde Caravaggio in Italien als Anti-Michelangelo bezeichnet, als verruchter Künstler, der im Gegensatz zum tugendhaften Michelangelo stand. Tatsächlich sind mit Caravaggio ein Totschlag und tätliche Auseinandersetzungen verbunden. Dabei hieß Caravaggio selber Michelangelo (Merisi) wurde später aber nach dem Herkunftsort seiner Eltern benannt. Der spanische Künstler Gaspar Becerra studierte in Rom bei Michelangelo und war sowohl als Bildhauer als auch als Maler tätig.

Ebenso wie Michelangelo hat er kirchliche Gebäude mit Fresken ausgemalt. Daher wird er manchmal *spanischer Michelangelo* genannt. Dsanabadsar (`Michelangelo des Ostens´) war nicht nur eine wichtige Figur des mongolischen Buddhismus, sondern auch als Bildhauer tätig und schuf etliche buddhistische Statuen.

Neben Künstlern werden auch Schönheitschirurgen an Michelangelo gemessen. International am bekanntesten war der brasilianische Schönheitschirurg Ivo Pitanguy. Dieser hatte in den USA studiert und in England und Frankreich gearbeitet. 1961 fiel in der bei Rio gelegenen Stadt Niteroi ein brennendes Zirkuszelt auf die Zuschauer. Pitanguy behandelte wochenlang Verbrennungsopfer und erkannte, wie wichtig die Wiedergewinnung der Gesichter für die Opfer war. Kurz darauf eröffnete er eine Privatklinik in Rio de Janeiro. Später sollten Niki Lauda und Silvio Berlusconi zu seinen prominentesten Kunden gehören.
In Süddeutschland ist Werner Mang aus Lindau am Bodensee als Schönheitschirurg bekannt. Er weist jedoch einen Illustriertenbericht klar zurück, sich selbst jemals als Michelangelo der Schönheitschirurgie bezeichnet zu haben.

Schönheitschirurg	Zeit	Beiname
Ivo Pitanguy	1923-2016	Michelangelo des Skalpells
Werner Mang	*1949	Michelangelo vom Bodensee

Joseph Beuys (1921-1986)

Maler	Zeit	Beiname
Mario Merz	1925-2003	Italienischer Beuys
Miklos Erdély	1928-1986	Ungarischer Beuys
Paul Thek	1933-1988	Amerikanischer Beuys
Helico Oiticia	1937-1980	Brasilianischer Beuys
Georges Adéagbo	*1942	Afrikanischer Beuys
Issa Samb	*1945	Afrikanischer Beuys
Klaus Hähner-Springmühl	1950-2006	Beuys des Ostens
Cai Guo-Qiang	*1957	Chinesischer Beuys
Ai Weiwei	*1957	Chinesischer Beuys

Die Welt ist voller Rätsel. Für diese Rätsel ist aber der Mensch die Lösung. Joseph Beuys

Der als Bildhauer ausgebildete Beuys galt zu seiner Zeit in Deutschland als Inbegriff eines modernen Aktionskünstlers. Noch heute, lange mach seinem Tod, ist er eine Referenz, noch immer werden Künstler in deutschsprachigen Medien mit Beuys verglichen, so die Chinesen Ai Weiwei (ein documenta-Künstler wie Beuys und in Deutschland sehr populär) und Cai Guo-Qiang, aber auch verschiedene afrikanische Künstler. Mario Merz als *italienischer Beuys* war jedoch mindestens ebenso bedeutend. Ein anderer wichtiger Künstler, welcher manchmal mit Beuys verglichen wird, ist der Brasilianer Helico Oiticia, der wie Beuys auf der Kasseler *documenta* vertreten war. In Westdeutschland nur wenig bekannt ist Klaus Hähner-Springpfuhl, eine wichtige Persönlichkeit der unabhängigen Kunstszene der DDR in den 1980er Jahren und einst als `Beuys des Ostens´ bezeichnet.

Raffael (1483-1520)

Maler	Zeit	Beiname
Kamaleddin Beshad	1460-1535	Raffael des Ostens
Holbein der Jüngere	1497-1543	Raffael des Nordens
Michiel Coxcie	1499-1592	Flämischer Raffael
Pietro Novelli	1603-1647	Raffael Siziliens
Anton Raphael Mengs	1728-1779	Sächsischer Raffael
Pierre Joseph Redouté	1759-1840	Raffael der Blumen
Gottfried Mind	1768-1814	Katzen-Raffael
Fedor Flinzer	1832-1911	Sächsischer Katzen-Raffael
Claude Monet	1840-1926	Raffael des Wassers

Wenn man malt, denkt man nicht. Raffael

Der italienische Hochrenaissancemaler Raffael Sanzio da Urbino, kurz Raffael genannt, steht für harmonische Kompositionen und liebliche Madonnenbilder. In Deutschland ist er für die in Dresden ausgestellte Sixtinische Madonna bekannt. Kamaleddin gilt als der bedeutendste Vertreter der persischen Figurenmalerei und wird auch *Raffael des Ostens* genannt. Der Renaissancemaler Hans Holbein der Jüngere wird wegen seiner harmonischen, ausgewogenen Portraits auch *Raffael des Nordens* genannt. Die Formenwelt Raffaels spiegelt sich auch in den Bildern von Michiel Coxcie, dem *flämischen Raffael*. Der deutsche Maler Anton Raphael Mengs war zwar ein Vertreter des Klassizismus, seine sanften ausgewogenen Bilder verhalfen ihm jedoch zum Beinamen *sächsischer Raffael*. Dem Schweizer Zeichner Gottfried Mind gelangen Katzen so gut, dass die französische Malerin Elisabeth Vigée-Lebrun ihn als *Katzen-Raffael* bezeichnete. Der sächsische Illustrator Fedor Flinzer zeichnete nicht nur Katzen, bekam aber denselben Beinamen. Edouard Manet schließlich nannte Claude Monet *Raffael des Wassers*.

Leonardo da Vinci (1452-1519)

Maler	Zeit	Beiname
Joos van Cleve	1485-1540	Leonardo des Nordens
Albrecht Dürer	1471-1528	Leonardo des Nordens

Kunst ist nie vollendet, nur aufgegeben. Leonardo

Leonardo da Vinci ist der Inbegriff eines Universalgenies und einer Jahrhundertbegabung. Albrecht Dürer wird wegen seines Malstils, aber weil er wie Leonardo auch gezeichnet hat, manchmal als *Leonardo des Nordens* bezeichnet. Der niederländische Maler Joos van Cleve reiste nach Italien und wurde so durch da Vinci beeinflußt, dass auch er *Leonardo des Nordens* genannt wurde.

Erfinder, Ingenieur	Zeit	Beiname
Zhang Heng	78-139	Chinesischer Leonardo
Heinrich Schickhardt	1558-1635	Schwäbischer Leonardo
Joachim Jungius	1587-1657	Leonardo des Nordens
Robert Hooke	1635-1703	Englischer Leonardo
Michail Lomonossow	1711-1765	Russischer Leonardo
Karl Drais	1785-1851	Badischer Leonardo
Le Corbusier	1887-1965	Leonardo der Moderne

Zu den Universalgenies, Erfindern, Architekten und Wissenschaftlern, die mit Leonardo verglichen werden, gehören der chinesische Astronom Zhang Heng, Erfinder des Seismographen, der schwäbische Baumeister Heinrich Schickhardt, der Lübecker Mathematiker Joachim Jungius, der englische Physiker Robert Hooke, der russische Naturwissenschaftler Michail Lomonossow, der Karlsruher Fahrraderfinder Karl Drais und schließlich der Schweizer Architekt Le Corbusier.

Apelles (ca. 370 v. C.- ca. 300 v. C.)

Maler	Zeit	Beiname
Sandro Botticelli	1445-1510	Zweiter Apelles
Albrecht Dürer	1471-1528	Zweiter Apelles
Hans Baldung-Grien	1484-1545	Alter Apelles
Michael Janssen van Miereveld	1566-1641	Apelles seiner Zeit
José de Ribera	1591-1652	Apelles seiner Zeit
Tizian	1490-1576	Apelles seiner Zeit
Peter Paul Rubens	1577-1640	Apelles seiner Zeit

Schuster, nicht über die Sandale hinaus. Apelles

Apelles, ein Zeitgenosse Alexander des Großen, gilt als einer der bedeutendsten Maler des antiken Griechenlands. Allerdings ist keines seiner Bilder erhalten, es gibt lediglich literarische Überlieferungen. Im Mittelalter und der frühen Neuzeit galt Apelles als Inbegriff eines bedeutenden Malers. Verschiedene Maler bezogen sich in ihren Werken zudem auf Apelles, vor allem auf sein Bild `Die Verleumdung´. Ein Beispiel dafür ist Sandro Botticellis Verleumdung *des Apelles* (1495), auch Dürer hat dieses Motiv bei der Ausmalung des Großen Ratssaales in Nürnberg verwendet. Das war auch der Grund, weshalb sowohl Botticelli als auch Dürer *zweiter Apelles* genannt wurden. Der in Siegen geborene flämische Maler Peter Paul Rubens wurde zu seiner Zeit als *Malerfürst, Gott der Maler* und *Apelles unserer Zeit* bezeichnet. Tizian, ein Hauptmeister der italienischen Renaissance hatte zu seiner Zeit einen ähnlichen Ruf. Der spanische Maler José de Ribera zog im Alter von 25 Jahren ins Königreich Neapel und wurde dort Lo Spagnoletto, der kleine Spanier, genannt. Sein Werk beeindruckte vor allem durch die hyper-realistische Darstellung grausamer Themen. Er galt deshalb als *Apelles seiner Zeit.*

Van Gogh (1853-1890)

Maler	Zeit	Beiname
Giovanni Segantini	1858-1899	Van Gogh der Hochalpen
Karl Schmidt-Rottluff	1884-1976	Sächsischer van Gogh
Peter August Böckstiegel	1889-1951	Westfälischer van Gogh
Wilhelm Morgner	1891-1917	Westfälischer van Gogh
Antonio Ligabue	1899-1965	Schweizer Van Gogh
Andreas Tüpke	*1962	Van Gogh der Dübener Heide

Ich träume vom Malen und dann male ich meinen Traum. V. Gogh

Die Bilder des verarmt und früh gestorbenen niederländischen Künstlers Vincent van Gogh zählen heute zu den teuersten Werken der Welt. Auf Auktionen erzielen sie immer neue Rekordpreise. Einst Außenseiter, auch *fou roux, verrückter Rothaariger* genannt, ist van Gogh schon seit Jahrzehnten im Mainstream des Kunstgeschmackes angekommen. Sein post-impressionistischer Stil mit starken Farben und kräftigen Pinselstrich hat spätere Kunststile wie den Expressionismus beeinflusst.

Zwei westfälische expressionistische Maler, die um das Todesjahr van Goghs geboren wurden, werden heute manchmal mit ihm verglichen. Das Geburtshaus von Peter August Böckstiegel in Arrode bei Bielefeld wurde nicht nur als Museum erhalten, 2018 wurde es um einen modernen Bau, das Böckstiegel-Museum, erweitert. Dem Soester Expressionisten Wilhelm Morgner war nur ein kurzes Leben vergönnt, er starb im Ersten Weltkrieg auf einem Schlachtfeld in Flandern. Der berühmteste deutsche Expressionist, der mit van Gogh verglichen wird, ist der in Chemnitz geborene Karl Schmidt-Rottluff. Der Tiroler Maler des symbolistischen Realismus Giovanni Segantini wird auch aufgrund der Anmutung von Teilen seines Werkes *van Gogh der Hochalpen* genannt, während es mit Antonio Ligabue auch noch einen Schweizer Van Gogh gibt.

Rembrandt (1606-1669)

Maler	Zeit	Beiname
Marianne von Werefkin	1860-1938	Russischer Rembrandt
Antonio Xavier Trindade	1870-1935	Rembrandt of the East
Ernie Barns	1938-2009	Big Rembrandt
Maciek Dyczkowski	*1960s	Rembrandt des Ostens
Fritz Aigner	1930-2005	Rembrandt von Linz

Kunst ist Subjektivität und Subjektivität ist Glaube. Rembrandt

Rembrandt, wegen seiner Hell-Dunkel-Szenen auch *Caravaggio des Nordens* genannt, gilt als einer der größten Maler aller Zeiten. Eher selten werden Maler direkt mit Rembrandt verglichen und oft passt der Vergleich nicht so gut, weil es nur wenige Stilübereinstimmungen gibt. Rembrandt steht bei solchen Vergleichen einfach für einen bedeutenden Maler und weniger für einen bestimmten Stil.
Bei der expressionistischen russischen Malerin Marianne von Werefkin wäre, was ihren Malstil betrifft, der Vergleich mit van Gogh passender. Der amerikanische Sportler Ernie Barns, der später zum Maler wurde, hatte einen eigenen Stil, der durch viel Bewegung und in die Länge gezogene Gestalten geprägt war und nichts mit Rembrandts Malereien gemein hat. Beim polnischen Künstler Maciek Dyczkowski dient die Rembrandt-Antonomasie ebenfalls nur dazu, weniger den Stil, als die Qualität seiner Werke zu betonen.
Die Bilder des in Goa, damals portugiesische Kolonie, geborenen Trindade erinnern dagegen eher noch an Szenen aus Rembrandt-Gemälden.
Fritz Aigner war ein österreichischer phantastischer Realist, der sich im Selbstportrait mit oder als Rembrandt inszeniert hat und wegen dieser dunklen Selbstportraits auch *Rembrandt von Linz* genannt wurde.

<u>Carl Spitzweg (1808-1885)</u>

Maler	**Zeit**	**Beiname**
Karl Weysser	1833-1904	Badischer Spitzweg
Karl Kronberger	1871-1921	Österreichischer Spitzweg
Karl Purrman	1877-1966	Schwäbischer Spitzweg
Joseph Haas	1879-1960	Spitzweg moderner Klaviermusik

Leben ist die Lust, zu schaffen. Spitzweg

Der spätromantische Münchner Maler Carl Spitzweg steht für einen biedermeierlichen bis spätromantischen Malstil mit poetischen und auch ironischen Elementen. Zu seinen berühmtesten Bildern gehört `Der arme Poet´, in welchem die Armut malerisch dargestellt wird. Deshalb wird Spitzweg auch *Malerpoet* genannt.
Die Arbeiten des badischen Landschafts- und Architekturmalers Karl Weysser erinnern stark an Spitzweg, deshalb sein Beiname. Beim österreichischen Genremaler Karl Kronberger sind es mehr die Personen, die an Spitzweg-Bilder erinnern. Bei dem in Speyer geborenen Karl Purrmann, der zeitweise impressionistisch malte, ist die Ähnlichkeit mit Spitzweg geringer. Trotzdem fand 2006/07 im Purrmann-Haus in Speyer eine Ausstellung unter dem Titel `Der schwäbische Spitzweg aus Speyer´ statt.

<u>Auguste Rodin (1840-1917)</u>

Maler	Zeit	Beiname
Max Klinger	1903-1989	Deutscher Rodin
Sergej Konjonkow	1874-1971	Russischer Rodin
Wu Weishan	*1962	Chinesischer Rodin

Malerei, Skulptur, Literatur, Musik stehen einander viel näher, als man im Allgemeinen glaubt. Sie drücken alle Gefühle der menschlichen Seele der Natur gegenüber aus.
Auguste Rodin

Der französische Bildhauer Auguste Rodin gilt als Wegbereiter der modernen Plastik und Skulptur.
Der Leipziger Bildhauer Max Klinger, dessen Werk dem Symbolismus zuzuordnen ist, wird auch *deutscher Rodin* genannt. Sergej Konjonkow genoss in Russland eine hohe Wertschätzung und wurde noch zu Lebzeiten Rodins als *russischer Rodin* bezeichnet. Auch Stalin schätzte ihn und ließ ihn nach dem 2. Weltkrieg mit einem Schiff aus Amerika nach Russland zurückbringen. In den 1950er und 1960er Jahren wurde Konjonkow zudem mit etlichen Ehrungen überhäuft, so einem Stalin- und einem Leninpreis.
Wu Weishan gilt als der bedeutendste lebende Bildhauer Chinas (`chinesischer Rodin´). In Deutschland wurde er durch die überlebensgroße Karl-Marx-Statue in Trier bekannt, ein Geschenk Chinas zum 200. Geburtstag des Ökonomen und Philosophen im Jahr 2018.

Claude Monet (1840-1926)

Maler	Leben	Beiname
Ernst Eitner	1867-1955	Monet des Nordens
Adolphe Valette	1876-1942	Monet of Manchester
Kieron Williamson	*2002	Mini-Monet

Jeder diskutiert meine Kunst und gibt vor, sie zu verstehen, als ob es notwendig wäre, sie zu verstehen. Es ist nötig, sie zu lieben. Claude Monet

Claude Monet gilt als *Vater des französischen Impressionismus* und ist bis heute einer der populärsten Maler überhaupt. Seine Seerosenbilder sprechen vor allem ein weibliches Kunstpublikum an.

Der heute nicht sehr bekannte Hamburger Maler des Impressionismus, Ernst Eitner, wurde in der Presse wegen einer gewissen Stilverwandschaft auch schon *Monet des Nordens* genannt.

Der französische impressionistische Maler Pierre Adolphe Valette kam 1904 nach England, blieb dort 24 Jahre und wurde schließlich durch seine Manchester-Bilder berühmt. So kam er auch zum Beinamen „Monet of Manchester".

Das Maltalent des britischen Schülers Kieron Williamson kam bereits im zarten Alter von 7 Jahren zu Tage und bereits mit 8 Jahren wurde er von den Zeitungen Mini-Monet genannt.

Caravaggio (1571-1610)

Maler	Zeit	Beiname
Francisco de Zurbaran	1598-1664	Spanischer Caravaggio
Rembrandt	1606-1669	Caravaggio des Nordens
Luciano Ventrone	*1942	Caravaggio of the 20th century

Alle Kunstwerke, egal von wem gemalt, sind unbedeutende, kindische Nichtigkeiten, wenn sie nicht aus dem Leben gemalt wurden und es gibt nichts Besseres als der Natur zu folgen. Caravaggio

Michelangelo Merisi wurde zwar in Mailand geboren, aber dennoch *de Caravaggio* genannt, weil seine Eltern aus dieser lombardischen Stadt stammten. Der Frühbarockmaler galt wegen Totschlags und zahlreichen Händeleien als Inbegriff des skandalträchtigen verruchten Künstlers, sein Malstil hatte jedoch so großen Einfluss auf Künstler seiner Zeit, und das sogar in verschiedenen Ländern, von Italien, den Niederlanden, Deutschland bis Spanien, dass diese sogar als Caravaggisten bezeichnet wurden. Dies war seiner Hell-Dunkel-Maltechnik, dem *Chiaroscuro* zu verdanken, welche von anderen Malern übernommen wurde. Selbst Rembrandt, ebenfalls ein großer Hell-Dunkel-Künstler, wurde davon beeinflusst, teilweise vermittelt durch die Utrechter Caravaggisti, darunter Gerrit van Honthorst (1592-1656).

Paul Cézanne (1839-1906)

Maler	Zeit	Beiname
Carl Otto Müller	1901-1970	Cézanne des Altmühltals
Werner Brand	*1933	Cézanne der Pfalz

Die Natur ist nicht an der Oberfläche, sie ist in der Tiefe. Die Farben sind der Ausdruck dieser Tiefe an der Oberfläche. Sie steigen aus den Wurzeln der Welt auf. Sie sind ihr Leben, das Leben der Ideen. Paul Cézanne

Das Werk des französischen Malers Paul Cézanne erstreckt sich über verschiedene Stilrichtungen. Ein Teil wird dem Impressionismus zugeordnet, frühere Werke der Romantik. Berühmt sind unter anderem seine südfranzösischen Landschaftsbilder.
Pablo Picasso sagte über Cézanne er sei `der Vater von uns allen´. Blumen und Aktbilder des bayerischen Malers Carl Otto Müller scheinen von Cézanne inspiriert, deshalb sein Beiname. Landschaften und Stilleben haben dem in Sachsen geborenen und heute in der Pfalz lebenden Maler Werner Brand in einer Lokalzeitung ebenfalls zu einem (etwas hochtrabenden) Vergleich mit Cézanne geführt.

<u>William Turner (1775-1851)</u>

Maler	Zeit	Beiname
Iwan Aiwasowski	1817-1900	Russischer Turner
Karl-Heinz Thoma	*1939	Tangermündes Turner

I don't paint so that people will understand me, I paint to show what a particular scene looks like. W.Turner

Der 1775 in London geborene William Turner wird auch *Maler des Lichts* genannt. Sein Werk fällt in die Epoche der Romantik, sein Malstil beeinflusste jedoch stark den Impressionismus. Durch die Art wie er mit Licht und Wasser und diffusen Darstellungen spielte, kann er als ein Vorläufer dieses Malstils gesehen werden.

Der auf der Krim geborene russische Maler armenischer Abstammung Iwan Aiwasowski spezialisierte sich auf Marinethemen. Die Darstellung von Lichteffekten des Wassers verhalfen ihm zum Turner-Vergleich.

Hochtrabender ist so ein Vergleich für einen Künstler von lokaler Bedeutung, der auch nur von örtlichen Medien gewagt wird, wie dem in Tangermünde tätigen Karl-Heinz Thoma.

Salvador Dali (1904-1989)

Maler	Zeit	Beiname
Ricardo Chavez-Mendez	*1960s (Mexico)	Dali of the Desert
Vladimir Kush	*1965	Russischer Salvador Dali

The sole difference between myself and a madman is the fact that I am not mad! Salvador Dali

Der spanische Künstler Salvador Dali war einer der Hauptvertreter des Surrealismus und als begnadeter Selbstdarsteller auch einer der bekanntesten Maler des 20. Jahrhunderts. Dennoch werden nur wenige Maler mit diesem menschlichen Gesamtkunstwerk verglichen. Einer davon ist der in Moskau geborene und heute in den USA lebende surrealistische russische Maler Vladimir Kush. Kush sieht sich von Dali, aber auch von Caspar David Friedrich und Hieronymus Bosch beeinflusst. Er beschreibt seinen Stil als metaphorischer Realismus.

Ricardo Chavez Mendez ist ein mexikanischer Künstler, der in Albuquerque im trocken-heißen US-Bundesstaat New Mexico lebt. Ricardo nennt sich selbst `Dali of the Desert´. Für seinen Stil hat er einen mit einem Warenzeichen geschützten Begriff erfunden, den Curvismo (in Anlehnung an den Kubismus).

Während der Stil von Salvador Dali heute von der breiten Masse goutiert wird, zeichnet sich auch die Kunst von Chavez-Mendez und Kush durch Massengeschmack-Tauglichkeit aus.

Verschiedene Künstler

Maler	Zeit	Beiname
Juan Fernandez Ximenes de Navarrete	1526-1579	Spanischer Tizian
Pierre Puget	1622-1694	Rubens, der Bildhauer
Anton Graff	1736-1813	Van Dyck Deutschlands
Helene Schjerfbeck	1862-1946	Munch Finnlands
Franz Xaver Mandlinger	1868-1945	Hofbräuhaus-Lenbach
Picasso	1881-1973	Little Goya
Kurt Schwitters	1887-1948	Caspar David Friedrich der dadaistischen Revolution
Terence Koh	*1977	Next Warhol

Die höchste Form der Kunst ist das Gesamtkunstwerk, in dem die Grenzen zwischen Kunst und Nichtkunst aufgehoben sind. Kurt Schwitters.

Art is the only power capable of destroying the internet.
Terence Koh

Manche berühmte Maler werden nur selten als Referenz und Beinamengeber eingesetzt. Picasso ist selbst als einer der berühmtesten Maler ein Inbegriff eines modernen Künstlers. Goya gilt jedoch als Vorläufer und Vater der modernen Kunst. Picasso wurde deshalb auch einmal als *Little Goya* bezeichnet.

Der spanische Manierist Juan Fernandez Navarrete, auch der Stumme (el Mudo) genannt, wurde wegen der reichen, warmen Farben seiner Bilder auch als *spanischer Tizian* gesehen. Der spanische König Philipp II hätte eigentlich für die Ausmalung des El Escorial-Palastes lieber Tizian selbst beauftragt, doch der war schon sehr alt und starb 1576. Und andere Italiener wie Tintoretto wollten nicht nach Spanien ziehen. So kam Navarrete zum Auftrag und letztlich zum Beinamen.

Pierre Puget war ein französischer Maler und Bildhauer. Die leidenschaftlichen Bewegungen seiner Skulpturen verhalfen ihm zum Beinamen *Rubens, der Bildhauer*.

Anton Graff war Schweizer, arbeitete aber in Dresden. Die Ähnlichkeit seines Stils mit dem des flämischen Malers Anthonis van Dyck, einem freien Mitarbeiter Peter Paul Rubens, verhalfen ihm zum Beinamen *Van Dyck Deutschlands*.

Der bayerische Maler Franz Xaver Mandlfinger, auch *Hofbräuhaus-Lenbach* genannt, malte für kleines Geld Bilder im Hofbräuhaus. Dort ernährte er sich von den Resten, die Gäste übriggelassen hatten. Karl Valentin sah in ihm ein medizinisches Rätsel, immun für alle Bazillen und Bakterien der Hofbräuhausbesucher.

Helene Schjerfbeck, *Munch Finnlands* genannt, war eine finnland-schwedische Malerin. Die Genesende (1988) gehört zu den bekanntesten Werken der im Stil des Realismus arbeitenden Künstlerin, die auch viele Selbstportraits schuf.

Kurt Schwitters als Caspar David Friedrich der dadaistischen Revolution zu bezeichnen, ist dagegen eine journalistischer Phantasie entsprungene Antonomasie.

Der in New York lebende chinesisch-kanadische Künstler Terence Koh wurde durch seine Installationen bekannt und bereits im Jahr 2008 von der Presse als *next Warhol* bezeichnet.

2. Andere Malerbeinamen

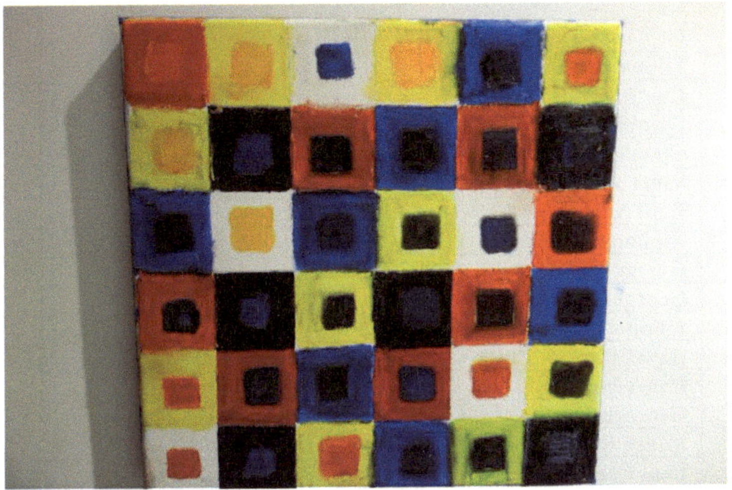

RD

a) <u>Vater der/des ..</u>

Maler	Beiname
Giotto	*Vater der Renaissance-Malerei*
Michelangelo	*Vater des Manierismus*
Caravaggio	*Vater der Barockmalerei*
Jean-Antoine Watteau	*Vater der Rokokomalerei*
Jacques-Louis David	*Vater des Neoklassizismus*
Goya	*Vater der modernen Kunst*
Gustave Courbet	*Vater des Realismus*
Edouard Manet	*Vater der modernen Kunst*
Gustave Moreau	*Vater des Symbolismus*
Camille Pissarro	*Vater des Impressionismus*
Claude Monet	*Vater des Impressionismus*
Vincent van Gogh	*Vater des Expressionismus*
Emil Nolde	*Vater des Expressionismus*
Alphonse Mucha	*Vater des Art Nouveau*
Gustav Klimt	*Vater des Jugendstils*
Georges Seurat	*Vater des Pointilismus*
Filippo Marinetti	*Vater des Futurismus*
David Burliuk	*Vater des russischen Futurismus*
Henri Matisse	*Vater des Fauvismus*
Georges Braque	*Vater des Kubismus*
André Breton	*Vater des Surrealismus*
Paul Cezanne	*Vater der modernen Malerei*
Pablo Picasso	*Vater der modernen Kunst*
Auguste Rodin	*Vater der modernen Skulptur*
Piet Mondrian	*Vater der abstrakten Malerei*
Otto Freundlich	*Vater der abstrakten Kunst*
Marcel Duchamp	*Vater des Dada*
Walter Gropius	*Vater des Bauhauses*
Jean Dubuffet	*Vater der Art Brut*
Jackson Pollock	*Vater des Action Painting*
Richard Hamilton	*Vater der Pop-Art*
Robert Rauschenberg	*Vater der Pop-Art*
Victor Vasarely	*Vater der Op-Art*
Alan Kaprow	*Vater des Happenings*
Yaacov Agam	*Vater der kinetischen Kunst*
Walter de Maria	*Vater der Land Art*
Nam Yun Paik	*Vater der Videokunst*
Stan Herd	*Vater der Crop Art*

Die Tabelle oben zeigt, wie sehr der Kunstbetrieb von Männern dominiert wird. Während es viele Väter von Kunstrichtungen gibt, wird sehr wenigen Künstlerinnen der Beiname Mutter des… zugeschrieben.

Arshile Gorky	*Vater des abstrakten Expressionismus*
Ivan Generalic	*Vater der naiven Kunst Kroatiens*
Albrecht Dürer	*Vater der Kupferstecherei*
Sol LeWitt	*Vater der Konzeptkunst*
Enrico Castellani	*Vater des Minimalismus*
Theo van Doesburg	*Vater der konkreten Kunst*
Hans Hartung	*Vater des Tachismus*
Hugo Ball	*Geistiger Vater des Dadaismus*
Arno Rink	*Vater der Leipziger Schule*
Bernhard Heisig	*Vater der Neuen Leipziger Schule*
A.R. Penck	*Vater der Neuen Wilden*
K.A. Hödicke	*Vater der Jungen Wilden*
Frieder Nake	*Vater der Computerkunst*

Giorgio Vasari	*Vater der Kunstgeschichte*
Heinrich Wölfflin	*Vater der modernen Kunstgeschichte*
O.G. Rejlander	*Vater der Kunstphotographie*

Albrecht Dürer	*Vater der deutschen Malerei*
Johan Cristian Dahl	*Vater der norwegischen Landschaftsmalerei*
George Jamesone	*Vater der schottischen Malerei*
Parviz Tanavoli	*Vater der iranischen Moderne*
Yahia Turki	*Vater der tunesischen Malerei*
C.W.Eckersberg	*Vater der dänischen Malerei*
David Klöcker Ehrenstrahl	*Vater der schwedischen Malerei*
Xu Beihong	*Vater der modernen chinesischen Kunst*
Wu Guanzhong	*Vater der modernen chinesischen Malerei*
Mahmoud Said	*Vater der modernen ägyptischen Malerei*
Ibrahim Calli	*Vater der modernen türkischen Malerei*
Hugh Lane	*Vater der irischen modernen Kunst*
Karoly Ferenczy	*Vater/Gründer der modernen Kunst Ungarns*
Nikephoros Lytras	*Vater der modernen griechischen Malerei*
Kuroda Seiki	*Vater der modernen japanischen Malerei*
Sudjojono	*Vater der modernen indonesischen Malerie*
Silpa Bhirasri	*Vaterd er modernen Kunst Thailands*

Gerard Sekoto	*Vater der modernen Kunst Südafrikas*
Lain Singh Bangdel	*Vater der modernen Kunst Nepals*
Jean-Paul Riopelle	*Vater der modernen Kunst Kanadas*
Khalis Saleby	*Vater der modernen libanesischen Kunst*
Raja Ravi Varma	*Vater der modernen indischen Malerei*
Kin Maung	*Vater der modernen burmesischen malerei*
Svay Ken	*Vater der modernen kambodschanischen Malerei*
Jose Guadalupe Posada	*Vater der modernen Kunst Mexikos*
Malevich	*Gründer der russischen Avantgarde*
Alexander Rodchenko	*Vater des modernen russischen Designs*
Alejandro Obregon	*Vater der modernen Malerei Kolumbiens*

b)   <u>Mutter der..</u>

Ein paar Mütter der... gibt es neben den vielen Vätern doch. Natürlich kann es nur eine Mutter der feministischen Kunst geben. Mit Tarsila do Amaral (1886-1973) gibt es immerhin eine Künstlerin, die nicht nur als *Mutter der modernen brasilianischen Kunst* gilt, sondern auch als Begründerin der sich gegen den Eurozentrismus richtenden Anthropophagie-Kunstbewegung.

Mary Kelly	*Mutter der feministischen Künstlerinnen*
Tarsila do Amaral	*Mutter der modernen brasilianischen Kunst*

c) <u>Maler des Lichts</u>

Maler	Zeit	Beiname
William Turner	*1775-1851*	*Maler des Lichts*
Joacquin Sorolla	*1863-1923*	*Meister des Lichts*
Pierre Bonnard	*1867-1947*	*Maler des Lichts*
Thomas Kinkade	*1958-2012*	*Maler des Lichts*

William Turner wird auch *Maler des Lichts* genannt. Es gibt die interessante These, dass ihn auch die spektakulären Sonnenuntergänge, die durch den hohen Aschegehalt in der Atmosphäre nach dem Ausbruch des Tamboravulkans in Indonesien im Jahr 1815 entstanden, inspiriert haben könnten. Der Vulkanausbruch führte zu einer kurzfristigen Klimaveränderung und einem Jahr ohne Sommer in Europa.

Viele Bilder des spanischen Malers Joacquin Sorolla scheinen in das helle und kräftige Licht seiner Heimatregion Valencia getaucht zu sein. Der Hochgeschwindigkeits-verkehrsbahnhof von Valencia trägt heute den Namen des Künstlers.

Das Etikett *Maler des Lichts* für den französischen Künstler Pierre Bonnard ist diskussionsbedürftig, denn durch die Bedeutung des Lichts in seinen Werken wurde er dem Post-Impressionismus zugeordnet, obwohl er seinen eigenen Stil entwickelte.

Der amerikanische Maler Thomas Kinkade nannte sich selbst in Anlehnung an Turner `Painter of Light´. Kinkade malte wie Turner auf eine weiche, diffuse Art, die bei ihm aber stark ins populäre und den amerikanischen Massengeschmack Bedienende geht. Nach Angaben von Kinkades Firma besitzt jeder zwanzigste amerikanische Haushalt eine Reproduktion eines seiner Bilder.

d)   <u>Verschiedene Beinamen</u>

Maler	Zeit	Beiname
Dirk Bouts	*1410-1475*	*Maler der Stille*
Pieter Bruegel	*1525-1569*	*Höllenbruegel*
Gerard Seghers	*1591-1651*	*Gherardo delle Notti (Gerhard der Nächte)*
Hubert Robert	*1733-1808*	*Robert des Ruines*
Francisco Goya	*1746-1828*	*Vorläufer der modernen Kunst*
Eugène Boudin	*1824-1898*	*Peintre des plages et des ciels*
Francois Gerard	*1770-1837*	*Painter of kings and king of painters*
Eugène Verboekhoven	*1799-1881*	*Vergessener Maler*
Goustave Courbet	*1819-1877*	*Maler der Hässlichkeit*
Andreas Achenbach, Oswald Achenbach	*1815-1910* *1827-1905*	*Das A und O der Landschaft*
Henri Rousseau	*1844-1910*	*Der Zöllner*
Van Gogh	*1853-1890*	*Fou Roux (Verrückter Rothaariger)*
Heinrich Zille	*1858-1929*	*Pinselheinrich*
Henri Matisse	*1869-1954*	*Le professeur*
Kees van Dongen	*1877-1968*	*Painter of brothels*
Edward Hopper	*1882-1967*	*Grasshopper*
Jackson Pollock	*1912-1956*	*Jack the dripper*
Yayoi Kusama	*1929-*	*Princess of polka dots*

Zwei amerikanische Maler tragen die besten Wortspielbeinamen. Wegen seiner Herkunft vom Lande wurde Edward Hopper von seinen Mitschülern auch Grasshopper genannt. Jackson Pollock entwickelte ab 1946 die Drip Painting Technik, was mit dem Beinamen Jack the Dripper gewürdigt wurde.

3. Gemälde- und Museumsbeinamen

<u>3.1 Bilder</u>

<u>Mona Lisa (1503)</u>

Das wohl berühmteste Bild, da Vincis Mona Lisa, ist auch der wichtigste Beinamengeber unter den Gemälden.
Im Prado gibt es ein Bild von Francesco Melzi, welches wie eine Kopie wirkt, deshalb Prado Mona Lisa genannt.
Vermeers `Mädchen mit dem Perlenohrgehänge´ (bzw. *Perlenohrring*) ist ebenfalls sehr berühmt und enigmatisch und wird manchmal als Mona Lisa des Nordens tituliert. Die Unbekannte des russischen Malers Iwan Kramskoi (1837-1887) wird manchmal dagegen als *Mona Lisa des Ostens* gesehen.
Als österreichische Mona Lisa gilt Klimts Portrait von Adele Bloch Bauer. Wenig mit Mona Lisa hat Rudolph Zallingers Yale Paläo-Kunstwerk *Zeitalter der Reptilien* zu tun. Mit dem Mona Lisa-Vergleich will man auf seine kompositorische Qualität hinweisen.

Maler	Bild	Beiname
Johannes Vermeer	**Mädchen mit dem Perlenohrgehänge** (1665)	Mona Lisa des Nordens
Iwan Kramskoi	**Die Unbekannte** (1883)	Mona Lisa des Ostens
Klimt	**Portrait von Adele Bloch-Bauer I** (1907)	Österreichische Mona Lisa
Edward Munch	**Der Schrei (1910)**	Mona Lisa der Moderne
Rudolph Zallinger	**Das Zeitalter der Reptilien** (1947)	Mona Lisa der Paläo-Kunst

Sixtinische Kapelle/Sixtina

Ort	Gebäude
New Haven	Peabody Museum (Zeitalter der Reptilien)
Bad Frankenhausen	Bauernkriegspanorama
Worcestershire	Great Witley Church
Gura Homorului (Rumänien)	Kloster Voronet
Toulouse (Frankreich)	Karmeliterkapelle
Altamira (Spanien)	Höhle
Lascaux (Frankreich)	Höhle
Zillis (Graubünden)	Kirche St. Martin
Carthage, MO (USA)	Kapelle
Tucson (USA)	Mission San Xavier d. Bac
Andahuaylillas (Peru)	Lehmkirche
Atotonilco (Mexico)	El Santuario
Guagua Pampanga (Philipp.)	Betis-Kirche

Die Sixtinische Kapelle im Vatikan unweit des Petersdoms ist für ihre bedeutenden Gemälde berühmt. Zum einen sind es Deckenmalereien, die Michelangelo Buonarotti im Auftrag des Papstes anbrachte. Zusätzlich ist die Kapelle durch Wandmalereien von Künstlern wie Sandro Botticelli und Pietro Perugino geschmückt. Wenn man etwas mit der Sixtinischen Kapelle vergleicht, will man die Bedeutung der Wandmalereien betonen.

In Rumänien stehen die bemalten Moldaukirchen auf der UNESCO-Liste des Weltkulturerbes. Das Kloster Voronet beim Ort Gura Homorului wird oft als *Sixtinische Kapelle des Ostens* bezeichnet. Eine *Sixtinische Kapelle der Alpen* steht im Graubündner Ort Zillis. Eine Lehmkirche in Peru wird als *Sixtinische Kapelle Lateinamerikas* bezeichnet. In Mexiko haben mehrere Kirchen (und eine Kristallhöhle) diesen Beinamen (in Atotonilco und Tupataro). In den USA wird der Vergleich mit der Sixtinischen Kapelle auch bei eher kitschigen Wandgemälden bemüht, so im Falle einer Kirche in Missouri. Eher gerechtfertigt ist der Vergleich bei bedeutenden Höhlenmalereien, so im Falle der Altamira-Höhle (*Sixtinische Kapelle der Eiszeit*) oder der Lascaux-Höhle in der Dordogne (*Sixtinische Kapelle der Frühgeschichte*).

Rudolph Zallingers für die Universität Yale gefertigtes Dinosaurier-Panorama *Zeitalter der Reptilien* wird nicht nur als Mona Lisa, sondern auch als Sixtinische Kapelle der Paläo-Kunst bezeichnet.

Zum Ende der DDR wurde Werner Tübkes Bauernkriegspanorama in Bad Frankenhausen fertig gestellt, eines der größten Gemälde der Welt. Es gilt als *Sixtina des Nordens*.

Raffael Sixtinische Madonna

Bild	Zeit	Beiname
Holbein Schutzmantelmadonna	1526-28	Sixtina des Nordens

Die Madonna des Bürgermeisters Jacob Meyer zum Hasen von Hans Holbein dem Jüngeren, auch Schutzmantelmadonna genannt, wird auch als Sixtina des Nordens bezeichnet. Heute ist sie in der Johanniterkirche in Schwäbisch Hall als Teil der Würth-Kunstsammlung ausgestellt. Raffaels Sixtinische Madonna ist sogar noch weiter nördlich zu sehen, in der Gemäldesammlung im Zwinger in Dresden.

3.2 Beinamen von Museen

Louvre des..

Stadt	Gebäude
Nordens	Herzog-Anton-Ulrich-Museum, Braunschweig
Nordens	Residenz, Grünes Gewölbe
Nordens	Kunsthalle, Hamburg
Ostens	Eremitage, St. Petersburg
Ostens	Nat. Palastmuseum, Taipeh.
Der Wüste	Abu Dhabi-Louvre

Der Pariser Louvre ist ein riesiger, ehemaliger französischer Königspalast, der heute eines der größten Kunstmuseen der Welt beherbergt. Die Sammlung des Louvre-Museums umfasst mehr als 300 000 Werke, von denen etwa 35 000 auf einer Ausstellungsfläche von über 60 000 m^2 präsentiert werden.

Der Louvre ist heute Inbegriff einer reichen Kunstsammlung. Der im reichen Abu Dhabi 2012 erbaute Ableger wird bereits *Wüsten-Louvre* genannt.

Die Eremitage in St. Petersburg wird auch als ‚*Louvre des Ostens*' bezeichnet. Auch das Palastmuseum von Taipeh wird so genannt. Es beherbergt mit 600 000 Werken die weltweit größte Sammlung chinesischer Kunstwerke. Am Ende des chinesischen Bürgerkrieges, als die Kuomintang nach Taiwan flüchtete, brachte sie viele Kunstwerke der kaiserlichen Sammlung vor den Kommunisten dort in Sicherheit.

In Deutschland wird das Grüne Gewölbe der Dresdner Residenz manchmal als ‚*sächsischer Louvre*' bezeichnet. Als 1995 die Hamburger Kunsthalle um die Galerie der Gegenwart erweitert wurde, sprachen manche Journalisten euphorisch vom ‚*Louvre des Nordens*'. Heute würde man angesichts leerer Kassen und einer zeitweise erfolgten

Schließung der Galerie davon sicherlich nicht mehr sprechen.

Das Herzog-Anton-Ulrich-Museum (HAUM) in Braunschweig ist eines der ältesten deutschen Kunstmuseen. Es befindet sich in einem 2016 sanierten repräsentativen historischen Gebäude. Das HAUM trägt wie die Hamburger Kunsthalle den Beinamen *Louvre des Nordens*.

Deutschland

Kunstmuseen, Kunsthallen	Beiname
Bielefeld, Kunsthalle	Elefantenklo
Essen, Folkwang	Schönstes Museum der Welt
Frankfurt, Schirn	Bundeskegelbahn
Frankfurt, Mus. für Moderne Kunst	Tortenstück
Hannover, Anbau Sprengel-Museum	Brikett am Maschsee

Europa

Kunstmuseen, Kunsthallen	Beiname
Amsterdam, Rijksmuseum	Schatzkammer der Niederlande
Amsterdam, Stedelijk-Neubau	Badewanne
Bilbao, Guggenheim-Museum	Hundehütte
Graz, Kunsthaus	Blaue Blase
Helsinki, Kiasma	Wal, Kürbis, U-Boot
Metz, Centre Pompidou	Schlumpfhut, Iglu, Jurte
Paris, Musée du Quai Branly	MQB
Paris, Centre Pompidou	Ölraffinerie
Paris, l'Orangerie	Sixtinische Kapelle des Impressionismus
Wien, Secessionsgebäude, goldfarbene Kuppel	Krauthappel
Philadelphia Museum of Art	Parthenon on the Parkway

Frankfurt am Main versucht seit den 1980er Jahren mit Aufsehen erregenden Museumsbauten als Kulturstadt zu trumpfen. 1986 wurde die Kunsthalle Schirn eröffnet. Zwischen Kaiserdom und Römerberg eingezwängt, wurde eine 140 Meter lange und nur 10 Meter breite Halle errichtet. Diese Dimensionen verliehen dem langgestreckten schmalen Bau den Spitznamen *Bundeskegelbahn*. Das 1991 eröffnete Frankfurter Museum für Moderne Kunst musste dagegen ein dreieckiges Grundstück nutzen. Die entsprechende Gebäudeform verlieh dem Museum den Beinamen 'Tortenstück'.

Andere Museen	
Berlin, Jüdisches Museum	Blitz
Essen, Ruhrlandmuseum	Gedächtnis d. Ruhrgebiets
Baden (Schweiz), Landvogteischloss, Museums-Erweiterung	Melonenschnitz
Houston, Art Car Museum	Garage Mahal

Das Jüdische Museum in Berlin hat seinen Beinamen *Blitz* ebenfalls seiner Form zu verdanken, während es in Bielefeld die plumpe Anmutung ist, die der Kunsthalle zum Spitznamen *Elefantenklo* verholfen hat. In Houston wird ein Museum zum Auto als Kunstwerk im Volksmund *Garage Mahal* genannt. Washingtons Smithsonian wird wegen seiner umfangreichen naturkundlich-technischen Sammlungen Dachboden (bzw. Rumpelkammer) der Nation genannt (the Nation's attic).

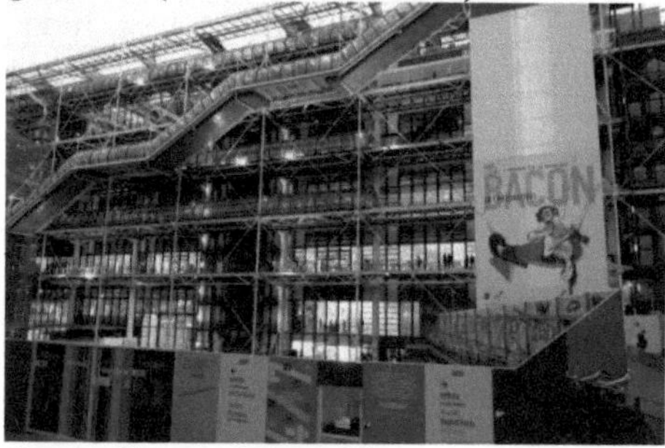

Paris Centre Pompidou

<u>3.3 Malerstädte</u>

Im 19. Jahrhundert war Paris mit dem sich entwickelnden Impressionismus die Malermetropole schlechthin. Maler sammelten sich meist in den Hauptstädten, aber in Spanien galt ebenso Sevilla als Malermetropole. Italien hatte bis zur Vereinigung im 19. Jahrhundert mehrere Zentren, nicht nur in Rom, sondern auch in Florenz (wo die größte Zahl bedeutender italienischer Maler geboren ist) oder in Venedig wurde gemalt, Letzteres durch seinen Reichtum lange eine Malermetropole.

In Deutschland gab es lange mindestens zwei Malermetropolen: München, vor allem zur Zeit des Blauen Reiters, und Düsseldorf, zeitweise wichtiger Standort der Landschaftsmalerei. Seit den 1970er Jahren und der Leipziger Schule (Bernhard Heisig, Wolfgang Matheuer, Werner Tübke) und später der Neuen Leipziger Schule (Neo Rauch, Timo Baumgärtel u. a.) ist mit Leipzig eine weitere Malerhauptstadt dazu gekommen. Zu den kleineren Malerstädten in Deutschland gehören das lippische Schwalenberg (NRW) und das schwäbische Besigheim.

Malermetropole/Malerhauptstadt

Stadt	Beiname
Leipzig	Deutsche Malerhauptstadt
Düsseldorf	Deutsche Malerhauptstadt
München	Malermetropole
Paris	Malermetropole
Venedig	Malermetropole
Sevilla	Malermetropole

<u>Malerstadt</u>

Einst gab es in Deutschland etliche Malerkolonien und entsprechende Malerstädte oder Malerdörfer. Dazu gehörten Dachau bei München, der heutige Karlsruher Stadtteil Grötzingen oder das oberbayerische Murnau (Blauer Reiter). Noch heute sieht sich der kleine Fachwerkort Schwalenberg in NRW als *lippische Malerstadt*.

Beiname	Ort
Malerstadt (einst)	Dachau, Grötzingen, Murnau, Besigheim
Malerstadt (aktuell)	Plowdiw, Schwalenberg (Lippische Malerstadt)
Malerdorf	Kleinsassen, Ferch (Havelland), Barbizon, Balbido (Ort der Wandmalerei), Willingshausen (einst), Pont-Aven

Viele Künstlerkolonien waren auf dem Lande angesiedelt. Zu den berühmtesten in Deutschland zählen Worpswede bei Bremen (Paula Modersohn-Becker war hier tätig) und Arenshoop an der Ostsee.

<u>Künstlerstadt/Künstlerdorf/Arts town</u>

Beiname	Ort
Künstlerdorf	Arenshoop, Worpswede, Szentendre, Fischerhude, Schöppingen, Dötlingen
Künstlerstadt	Kalbe (Sachsen-Anhalt), Gmünd, Szentendre
Arts town	Santa Fe (New Mexico), Nelsonville (Ohio), Northport (Alabama), Brattleboro (Vermont), Ithaca (New York), Oxford (Mississippi), Portland (Maine), Stratford (Ontario)

4. 100 Witze und Wortspiele zur Kunst

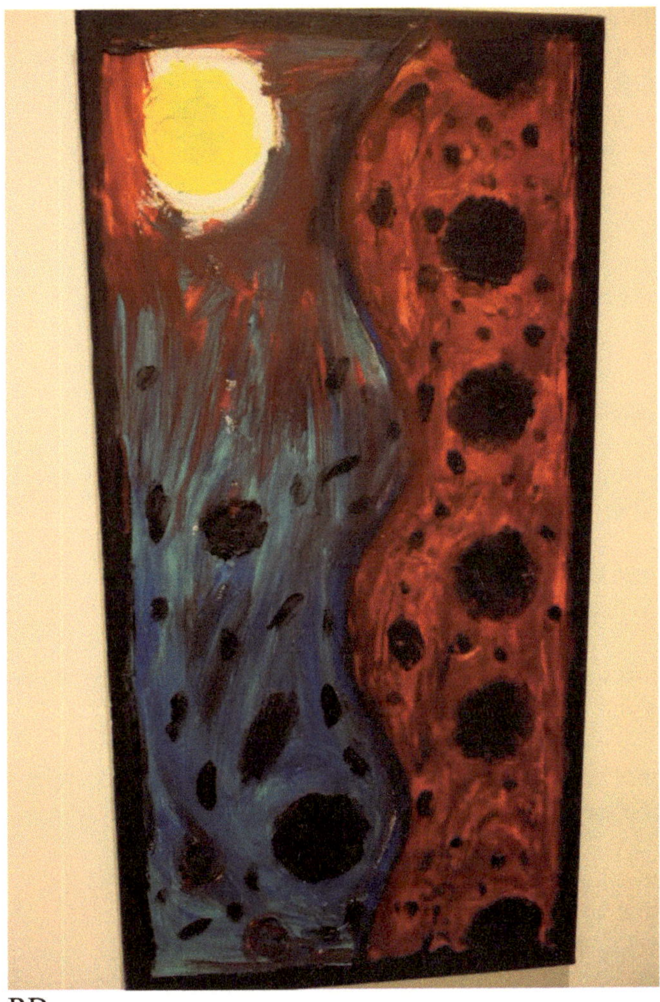

RD

a) Wortspiele zur Kunst

<u>Kunst kommt von...</u>

Kunst kommt von Können. Käme es von Wollen, so hieße es
Wulst.
Friedrich Nietzsche.

Weiß nicht, was echte Künstler sollen
Mit eurem theoretischen Schwulst;
Kunst kommt von Können, nicht von Wollen:
Sonst hieß es „Wulst."
Ludwig Fulda

<u>Mögliche Varianten</u>

Kunst kommt von Können. Käme es von Gönnen, so hieße
es Gunst.

Kunst kommt von Können. Käme es von Werken, so hieße
es Würg.

Kunst kommt von Können. Käme es von Tollen, so hieße es
Tollst.

Kunst kommt von Kölnern, käme sie von Düsseldorfern, so
hieße sie Dunst.

Kunst kommt von Klönen,...
Kunst kommt von Kunden
Fotokunst kommt von Canon.

<u>Weiteres zur Kunst</u>

Kunst ist kühnst.

Kuh macht Muh, Künste machen Mühe.

Es ist keine Kunst, keine Kunst zu sein.

Es ist eine Kunst, Kunst zu sein.

Karl Valentin wurde wieder einmal als Künstler gefeiert.
Dazu meinte er: "Was die Leut allerweil nur mit dera Kunst
habn. Wenn ma's ko, is's ja koa Kunst, und wenn ma's net
ko, is's erst recht koane."

<u>Art</u>

Art ist, wenn es ein Artist ist.

Art ist nicht artig.

Art ist hart

Art aber fair.

What's the difference between autistic and artistic? U R

The Earth without art is just Eh

Besser von einem Künstler gezeichnet als vom Schicksal.

Wenn sich ein (armer) Künstler an seinem eigenen Bild nicht satt sehen kann, sollte er es verkaufen.

Der Künstler malte ein Bild von einer Landschaft.

Naturalismus ist, wenn es **ein** Bild von einer Landschaft ist. Kitsch ist, wenn es ein **Bild** von einer Landschaft ist.

Bei einem Portraitmaler ist der Auftraggeber immer im Bilde.

Besser einen Stich haben, als einen Stich haben.

Von Bildern wie diesen sollte es hunderte geben. Leider gibt es davon tausende (Kunstkritik frei nach Otto).

Wenn ein Bild keine Perspektive, hat, hat der Künstler auch keine.

Eine Collage, kein Meisterwerk, sondern ein Kleisterwerk.

Ein Stillleben, das nicht am Busen der Natur entstanden ist.

Viel Lärm um ein Stillleben.

Wie meistens, ein nicht leinwandfreies Bild.

If it aint Baroque, then don't fix it.

What's common between an old guy and a painting?
It only takes one bad stroke to kill them.

Artist: I'd like your opinion on my painting.
Critic: It's worthless.
Artist: I know, but I'd like it anyway.

Today, I saw a painting unveiled at a museum, but it was merely a red dot on canvas. It must have been a period piece.

Why are there no hand paintings from the old west?

Because they could only draw guns.

The shame about ancient Grecian art is that there are amazing marble sculptures and structures which too often get taken for granite.

A thief attempted to steal paintings from the Quai d´Orsay in Paris, but was caught 2 blocks away when his van ran out of gas. All the thief could say for himself was: "I had no Monet to buy Degas to make the Van Gogh. But I tried for it anyway because I had nothing Toulouse!

b) Andere Witze

What do you say to someone with a degree in art?
"Hamburger and fries, please".

What do you call the world's largest oil painting?
The Gulf of Mexico.

Ein Künstler bekommt den Auftrag, ein Bild zur Feier der sowjetisch-polnischen Freundschaft zu malen. Der Titel: `Lenin in Polen´. Als das Bild im Kreml enthüllt wird, sind die eingeladenen Gäste entsetzt. Das Bild zeigt Lenins Ehefrau im Bett mit Trotzky. Ein Zuschauer ruft, aber das ist doch eine Farce. Wo ist denn Lenin? Die Antwort des Malers: `Lenin ist in Polen´.

I finally realized why the painting of Washington crossing the Delaware is such a big deal.
It depicts the last time someone willingly entered New Jersey.

The girl says,"I'm painting a picture of God."
The mom says,"Nobody knows what God looks like."
The girl says,"Well, if you'll let me finish..."

„Das Bild passt doch gar nicht in die Ausstellung zur abstrakten Kunst. Die Landschaft wirkt ja ganz natürlich". „Stimmt, das ist ja auch kein Bild, sondern ein Fenster".

An artist had been working on a nude portrait for a long time. Every day, he was up early and worked late - bringing perfection with every stroke of his paint brush. As each day passed, he gained a better understanding of the female body and was able to really make his paintings shine.

After a month, the artist had become very weary from this
non-stop effort and decided to take it easy for the day. Since
his model had already shown up, he suggested they merely
have a glass of wine and talk - since normally he preferred to
do his painting in silence.

They talked for a few hours, getting to know each other
better. Then as they were sipping their claret, the artist heard
a car arriving outside. He jumped up and said, "Oh no! It's
my wife! Quick, take off your clothes!"

„Malen sie mich exakt so, wie ich bin“, verlangt die
Auftraggeberin. Darauf der Maler: „Dann bestehe ich auf
Vorkasse.“

Wie viele Surrealisten braucht man, um eine Glühbirne
auszuwechseln?
Einen Fisch.

Lehrer: „Was wird hier gezeigt, Sonnenuntergang oder
Sonnenaufgang“. Schüler: „Sonnenuntergang. Kein Künstler
steht so früh auf“.

Seit einem Jahr bin ich Künstler. „Und was haben sie
verkauft?“ „Mein Haus, meine Briefmarkensammlung, mein
Auto“.

„Die einzigen Bilder, die man auf der Ausstellung anschauen
kann, sind Deine“. „Vielen Dank, lieber Freund“.
„Ja, vor den anderen stehen immer so viele Leute“.

Im Flur sind zwei Garderobenhaken angebracht worden.
Darüber ein Schild: "Nur für Künstler!" - Am nächsten Tag
klebt ein Zettel drunter: "Aber man kann auch Mäntel daran
aufhängen..."

Ein Künstler bastelt Blumen. Da kommt eine ältere Dame und
fragt "Sind die Blumen natürlich oder künstlich?"
Da antwortet der Künstler "künstlich natürlich!" Die Dame "Ja
was nun, künstlich oder natürlich?" Künstler: "Ja natürlich
künstlich?"

Der Museumsführer erklärt ein Bild: „Ein besonders
wertvolles Kunstwerk - ein alter Holländer.“ „Tatsächlich? Es
sieht eher aus wie ein junges Mädchen“.

Un peintre qui tente de se faire un nom dans l'abstraction dit
"Ce qu'apprécient en moi les gens qui regardent mes tableaux
c'est l'imagination. Après avoir jeté un coup d'oeil à mes
oeuvres, la plupart concluent :
"Si vous appelez ça de l'art, vous avez vraiment beaucoup
d'imagination".

Rembrandt

Otto Waalkes und sein Gagschreiberteam von der Neuen Frankfurter Schule haben im *Buch Otto* (1980) einen Rembrandt-Witz hinterlassen.

Otto Waalkes Rembrandt-Quiz
`Am 20.6.1630 erhält Rembrandt den Besuch eines Abgesandten der spanischen Krone. Wie hieß der Maler der diesen Besuch erhielt.´
`Rembrandt?

`Bei einem Bild des Malers wird die Frau des Malers als Göttin der Jagd dargestellt. Wie hieß der Mann der Frau des Malers?´
`Rembrandt?´

`Das Haus, in dem Rembrandt 40 Jahre seines Lebens verbrachte, wurde nach seinem Tode nach einem Mann benannt, der darin einen Großteil seines Lebens verbrachte? Wie war der Name dieses Mannes?´
`Ein Mann, und der soll lange da gelebt haben, im Rembrandthaus? Hat denn da noch jemand drin gewohnt, hat er untervermietet? `Wer?´ `Naja der, der Hauptmieter, da, der, der Rembrandt.´

„Mögen Sie Rembrandt?" „Ja, ein kleines Gläschen könnte nichts schaden."

Tünnes und Schäl sind in einer Galerie. Dort stehen sie vor einem Gemälde, auf dem sich gerade eine Frau an- oder auszieht. Da fragt Tünnes: "Hör mal Schäl, wat meinste - zieht sich die Frau gerade an oder aus ?" Sie überlegen und überlegen... Da sagt Schäl nach einem Geistesblitz: "Ist doch klar, die zieht sich gerade an."
"Warum bist du dir da so sicher?"
"Da steht doch: 'Nach einem Stich von Rembrandt.'"

Picasso

Ölscheich in einer Galerie: „Ich bewundere Picasso, niemand hat sein Öl so teuer verkauft wie er."

Besser vom Leben gezeichnet als von Picasso.

Ein Kunsthändler zeigt Picasso einen Picasso, den er erworben hat.
„Eine Fälschung", kritisiert der Meister. „Aber ich habe sie doch selbst das Bild malen sehen", antwortet der Händler. Darauf Picasso: "Ich male häufig Fälschungen."

Eine Frau besucht den Meister. „Oh, Monsieur Picasso. Ich bin ein großer Fan ihrer Bilder. Ich würde es ewig bereuen, wenn ich Sie nicht fragen würde, ob sie ein Portrait von mir erstellen könnten. Bitte, es würde so viel für mich bedeuten und ich würde gerne dafür bezahlen."
Picasso akzeptiert dies und die Frau sitzt ihm Modell. Er zieht ein Blatt Papier heraus sowie einen Bleistift und in wenigen Augenblicken hat sie ihren Picasso.
„Oh, das ist so schön, Ich bin so geehrt, ich werde es ewig schätzen. Und nun, was schulde ich Ihnen?"
„Fünfzigtausend Francs", antwortet Picasso. „Fünfzigtausend Francs, aber sie hatten dafür nur 3 Minuten gebraucht".
„Nein liebe Frau, ich habe dafür mein ganzes Leben gebraucht."

Picasso war schlagfertig. Als ihn während der deutschen Besetzung der Botschafter des Nazi-Regimes Otto Albetz besucht, fragen ihn die deutschen Offiziere zu einem Photo des Guernica-Gemäldes, ob er das zu verantworten hätte. Picasso antwortete: „Nein, Sie."

Van Gogh

Ein Kunde betritt den Laden des Kunsthändlers. `Sie haben
da im Schaufenster einen *van Gogh* für 10 Euro ausliegen.
Ist das ein Original oder eine Kopie? ´

Vincent van Gogh. Everybody said to him `you can´t be an
artist. You only have one ear!´and you know what he
answered? Sorry, I can´t hear you.'

Why did Van Gogh become a painter? Because he didn´t
have an ear for music.

Did you know there was a van in the painting `Starry
Night`? `Where did the Van Gogh?´

People: *nobody could ever paint so many paintings in a very
short time.*

Vincent van Gogh: *Hold my ear.*

Let it Gogh.

Das Van Gogh Museum sucht Sponso(h)ren.

The Ears von Bangkok
In einer Harald Schmidt Show von spanischen Gästen so
ausgesprochen und von Schmidt gehört. Spanier sprechen V
wie b aus, gh wie g oder k.

Monet

Welcher französische Hafen gilt als wichtigster
Umschlagsplatz für Meisterwerke des Impressionismus?
`Port Monet´.

My friend hates his job in the art museum.
He does it only for the Monet.

Wer ist schon dieser Monet, der so tut, als hieße er Manet,
und von meinem bekannten Namen profitiert.
Edouard Manet

Toulouse-Lautrec
„Do you like Toulouse-Lautrec"?
"I don´t like to lose anything."

Caspar David Friedrich
„Kennen Sie Caspar David Friedrich?" „Ja, alle drei."

Joseph Beuys
Mögen sie Beuys? Nein lieber Girls.

Andy Warhol
Andy war hohl
(Titel eines Buches von Matze Pies)

Albrecht Dürer
Egal wie dünn der Künstlerwitz ist, Albrecht war Dürer.

Egon Schiele
Das Schielen nach Egon Schiele
(Überschrift in DER STANDARD nach Rekordergebnissen
einer Schiele-Auktion).

Schieles Lehrer waren keine Skilehrer.Neo Rauch

Viel Rauch um nichts.
Kritik im BR am scheinbar aus der Zeit gefallenen Manierismus Rauchs, seiner ewig gleichen verrätselten figürlichen Malerei.

Spitzweg
Mit Spitzweg auf dem Holzweg
Überschrift eines Mainpost online-Artikels zu einer *Kunst oder Krempel*-Sendung, der ein angeblich echter Spitzweg angeboten wurde.

Otto Dix
Dix für ungut
(Kabarettist Mathias Richling über Sammlungen der Stuttgarter Kunstmuseen)

Macke
Dieses Museum hat einen Macke, also keine Macke.

Rodin
Ein junger Besucher im Rodin-Museum in Paris flüstert vor der Statue des Denkers seinem Kameraden zu: Wenn er wirklich so tief nachgedacht hat, wie es den Anschein hat, warum hat er beim Aufstehen dann vergessen, eine Hose anzuziehen?

Rubens

Der österreichische Staatsmann Kaunitz, der mehrmal:
Botschafter war, unterhielt sich auf einem Empfang mi
Casanova über Malerei.
Er liebe Rubens, meinte Kaunitz, denn der sei auch
Botschafter gewesen und habe sich mit der Malerei lediglicl
die Zeit vertrieben. „Umgekehrt", meinte Casanova, „er wa:
Maler und hat sich damit die Zeit Vertrieben, einer
Botschafter zu spielen".

Rubens wurde in Siegen geboren. Zu dieser Stadt gibt es der
Spruch: `Was ist schlimmer als Verlieren?. Siegen´.

M.C. Escher

Ich ging heute in die M.C. Escher-Ausstellung. Alle besten
Werke waren auf der 2. Etage zu sehen, aber leider konnte
ich nicht dorthin gelangen.

Salvador Dali

How does Salvador Dali start his mornings?   With a bowl
of `surreal´.

5. 100 Zitate von und zu Malern

Leonardo da Vinci (1452-1519)

Malerei ist eine stumme Poesie und die Poesie ist eine blinde Malerei.

Geniale Menschen beginnen große Werke, fleißige Menschen vollenden sie.

Einfachheit ist die höchste Stufe der Vollendung

Das Auge, welches man auch das Fenster der Seele nennt. Der Mensch, das Augenwesen, braucht das Bild.

Die meisten Probleme entstehen bei ihrer Lösung.

Michelangelo (1745-1564)

Wenn Sie wüssten, wie viel Arbeit darin steckt, würden Sie es nicht genial nennen.

Solange der Künstler arbeitet, um ein reicher Mann zu werden, wird er immer ein armseliger Künstler bleiben.

Man muss nur das Überflüssige weglassen.

Ich sah den Engel im Marmor und meißelte so lange, bis ich ihn freigesetzt hatte.

Picasso (1881-1973)

Jedes Kind ist ein Künstler. Das Problem ist: wie ein Künstler bleiben, wenn man aufwächst.

Es kostete mich 4 Jahre, bis ich wie Raffael malen konnte, aber ein ganzes Leben, um wie ein Kind zu malen.

Gib mir ein Museum und ich werde es füllen.

Gute Künstler kopieren. Große Künstler stehlen.

Kunst ist dazu da, den Staub des Alltags von der Seele zu waschen.

Ideen sind nur Ausgangspunkte. Um zu wissen, was man zeichnen will, muss man zu zeichnen anfangen.

Ich male die Dinge, wie ich sie denke, nicht wie ich sie sehe.

Ich habe nicht alles gesagt, aber ich habe alles gemalt.

Wenn es nur eine einzige Wahrheit gäbe, könnte man nicht hundert Bilder über dasselbe Thema malen.

Computer sind nutzlos. Sie geben uns nur Antworten.

Wenn ich wüsste, was Kunst ist, würde ich es für mich behalten.

Caspar David Friedrich (1774-1840)

Wo Herz und Gemüt erkaltet sind, da kann die Kunst nie heimisch sein.

Die Kunst ist einem Kinde, die Wissenschaft einem Manne zu vergleichen.

Wie nur ein reiner, ungetrübter Spiegel ein reines Bild wiedergeben kann, so kann auch nur aus einer reinen Seele ein wahrhaftes Kunstwerk hervorgehen.

Der Maler soll nicht bloß malen, was er vor sich sieht, sondern auch was er in sich sieht. Sieht er aber nichts in sich, so unterlasse er auch zu malen, was er vor sich sieht.

Paul Cezanne (1839-1906)

Wenn ich beim Malen denke, ist alles verloren.

Ich denke an nichts, wenn ich male, ich sehe Farben.

Die Natur existiert nicht an der Oberfläche, sie geht in die Tiefe. Die Farben sind der Ausdruck dieser Tiefe an der Oberfläche. Sie steigen aus den Wurzeln der Welt auf. Sie sind ihr Leben, das Leben der Ideen.

Monet ist nur ein Auge, aber was für eines.

Ich werde Paris mit einem Apfel in Erstaunen versetzen.

Vincent Van Gogh (1853-1890)

Ich kann nichts dafür, dass meine Bilder sich nicht verkaufen lassen. Aber es wird die Zeit kommen, da die Menschen erkennen, dass sie mehr wert sind als das Geld für die Farbe.

Die Kunst ist Glaube und zwingt zu der Pflicht, die öffentliche Meinung zu ignorieren.

Die Normalität ist eine gepflasterte Straße; man kann gut darauf gehen - doch es wachsen keine Blumen auf ihr.

Mancher Mensch hat ein großes Feuer in seiner Seele und niemand kommt, um sich daran zu wärmen.

Bewahre deine Liebe zur Natur, denn das ist der richtige Weg zu immer besserem Kunstverständnis.

Poesie umgibt uns überall, aber sie zu Papier zu bringen is leider nicht so leicht wie sie zu betrachten.

Piet Mondrian (1872-1944)

Einfachheit ist die größte Zierde der Kunst.

Die Geometrie ist die Grundlage jeder Malerei.

Was ganz leicht ist, kann auch nicht sehr kunstreich sein. Was aber kunstreich ist, das will Fleiß, Mühe und Arbeit haben.

Denn wahrhaftig steckt die Kunst in der Natur.
Wer sie heraus kann reißen, der hat sie.

Die Position des Künstlers ist bescheiden. Er ist im Wesentlichen ein Übermittler.

Paul Klee (1879-1940)

*Eine Zeichnung ist einfach nur eine Linie, die
herumspaziert.*

*Kunst ist ein Erinnern an das Uralte, Dunkle, von dem
Fragmente noch im Künstler leben.*

*Kunst gibt nicht das Sichtbare wieder, sondern macht
sichtbar.*

Ein Auge, welches sieht, das andere, welches fühlt.

*Die Farbe hat mich. Ich brauche nicht nach ihr zu haschen.
Sie hat mich für immer. Das ist der glücklichen Stunde Sinn:
ich und die Farbe sind eins. Ich bin Maler.*

*Die schlechteste Sachlage ist, wenn Wissenschaft anfängt,
sich mit Kunst zu beschäftigen.*

*Die Natur kann sich Verschwendungen in allem erlauben,
der Künstler muss bis ins letzte sparsam sein. Die Natur ist
beredt bis zum Verworrenen, der Künstler sei ordentlich
verschwiegen.*

Meine Menschengesichter sind wahrer als die wirklichen.

Salvador Dali (1904-1989)

Zeichnen ist die Ehrlichkeit der Kunst. Es gibt keine Möglichkeit zu betrügen. Es ist entweder gut oder schlecht.

Modelle sollten sich bemühen, dem Porträt ähnlich zu sehen.

Mein ganzer Ehrgeiz auf dem Gebiet der Malerei besteht darin, die Vorstellungsbilder der konkreten Irrationalität mit der herrschsüchtigsten Genauigkeit sinnfällig zu machen.

Ich bin der einzige Künstler, den die Natur kopiert.

Ich bewundere Picasso. Keiner hat sein Öl so teuer verkauft wie er.

Der einzige Unterschied zwischen einem Verrückten und mir ist der, dass ich nicht verrückt bin.

In der Kunst ist es anders als im Fußballspiel: in Abseitsstellung erzielt man die meisten Treffer.

Wer interessieren will, muss provozieren.

Ohne Schnurrbart ist ein Mann nicht richtig angezogen.

Wassily Kandinsky (1866-1944)

*Der Künstler wurde nicht geboren, um das Leben zu
genießen. Er darf nicht untätig sein, er hat harte Arbeit zu
leisten.*

Farbe ist eine Kraft, die die Seele direkt beeinflusst.

*Die Farbe ist die Taste. Das Auge ist der Hammer. Die Seele
ist das Klavier mit vielen Saiten. Der Künstler ist die Hand,
die es spielt und durch seine Berührung verschiedene Töne
und Vibrationen in der Seele erzeugt.*

*Zwei Pole sind: 1. die große Abstraktion, 2. die große
Realistik. Diese zwei Pole eröffnen zwei Wege, die
schließlich zu einem Ziel führen.*

*Die Kunst ist kosmischen Gesetzen unterworfen, die durch
die Intuition des Künstlers aufgedeckt werden, zum Gewinn
seines Werkes und zum Gewinn des Betrachters, der sich oft
darüber freut, ohne um das Mitwirken dieser Gesetze zu
wissen.*

Franc Marc (1880-1916)

*Natur ist überall, in uns und außer uns; es gibt nur etwas,
das nicht ganz Natur ist, sondern vielmehr ihre
Überwindung und Deutung: die Kunst.*

*Wir zerlegen heute die keusche, immer täuschende Natur
und fügen sie nach unserem Willen wieder zusammen.
Wir blicken durch die Materie, und der Tag wird nicht ferne
sein, an dem wir durch ihre Schwingungsmasse
hindurchgreifen wie durch Luft.
Stoff ist etwas, das der Mensch höchstens noch duldet, aber
nicht anerkennt.*

*Wie armselig seelenlos ist unsere Konvention, Tiere in eine
Landschaft zu setzen, die unseren Augen zugehört, statt uns
in die Seele des Tieres zu versetzen, um dessen Bilderkreis
zu erraten.*

Otto Dix (1891-1969)

*Kannst du nicht, was du willst, wohlan, so wolle, was du
kannst - nur ein Narr will ohne Können!*

Der Maler ist das Auge der Welt.

*Alle Kunst ist Exorzismus. Ich male auch Träume und
Visionen; die Träume und Visionen meiner Zeit.
Malen ist das Bemühen, Ordnung zu schaffen; Ordnung in
dir selbst. Es gibt viel Chaos in mir, viel Chaos in unserer
Zeit.*

*Nein, Künstler sollen nicht bessern und bekehren. Sie sind
viel zu gering. Nur bezeugen müssen sie.*

Max Beckmann (1884-1950)

*Kunst dient der Erkenntnis, nicht der Unterhaltung, der
Verklärung oder dem Spiel.*

*Darum sage ich nicht nur zum Künstler, sondern auch zum
Beschauer: Liebt die Natur von ganzem Herzen, und es
werden Euch neue und ungeahnte Dinge in der Kunst
aufgehen - denn Kunst ist nichts Anderes als vollendete
Natur.*

Joseph Beuys (1921-1986)

*Die Welt ist voller Rätsel, für diese Rätsel aber ist der
Mensch die Lösung.*

*So wie der Mensch nicht da ist, sondern erst entstehen muss,
so muss auch die Kunst erst entstehen, denn es gibt sie noch
nicht.*

*Die einzig revolutionäre Kraft ist die Kraft der menschlichen
Kreativität - die einzige revolutionäre Kraft ist die Kunst.*

Ich denke sowieso mit dem Knie.

Nicht einige wenige sind berufen, sondern alle.

Andy Warhol (1928-1987)

In Zukunft kann jeder Mensch für 15 Minuten Berühmtheit erlangen.

Wenn man mal darüber nachdenkt, sind Kaufhäuser auch eine Art Museum.

Wenn du mit deiner Arbeit kein Geld machen kannst, dann musst du sagen, dass es Kunst ist; und wenn du Geld machst, sagst du, dass es etwas ganz Anderes ist.

David Hockney (*1937)

Drawing is rather like playing chess: your mind races ahead of the moves that you eventually make.

When you stop doing something, it doesn't mean you are rejecting the previous work. That's the mistake; it's not rejecting it, it's saying, 'I have exploited it enough now and I wish to take a look at another corner.'

Gerhard Richter (*1932)

Nachdem es keine Priester und Philosophen mehr gibt, sind die Künstler die wichtigsten Leute auf der Welt. Das ist das Einzige, was mich interessiert.

Die Kunst ist die höchste Form von Hoffnung.

<u>Verschiedene Künstler</u>

Was die Schönheit ist, weiß nur Gott.
Albrecht Dürer

Es sind nicht die kräftigen Farben aber die gute Zeichnung,
die Figuren schön macht.
Tizian

Ein Gemälde ist fertig, wenn es Gottes Schatten enthält.
Rembrandt

Künstler, die nach Perfektion in allen Dingen streben,
erreichen nichts.
Delacroix

Kunst ist die einzig ernsthafte Sache im Leben und der
Künstler ist der einzige Mensch, der nie ernst ist.
Oscar Wilde

Jeder Künstler taucht seinen Pinsel in seine eigene Seele und
malt seine eigene Natur in seine Bilder.
Henry Ward Beecher

In der Kunst gibt es lediglich zwei Arten von Menschen:
Revolutionäre und Plagiaristen.
Paul Gauguin

Jedes Mal, wenn ich ein Portrait male, verliere ich einen
Freund.
John Singer Sargent

Alle großen Künstler waren mehr oder weniger
Impressionisten. Es ist hauptsächlich eine Frage des
Instinkts.
Claude Monet

Ich füge mich der Natur, ich gehe nie davon aus, sie zu beherrschen. Das erste Prinzip in der Kunst ist zu kopieren, was man sieht.
Auguste Rodin

Unwirklichkeit zu üben ist die schwerste und wesentlichste Aufgabe für einen Künstler.

Auch das dümmste Publikum nimmt an Verständnis mit den Jahren zu.
Lovis Corinth

In der Freude über einen sonnigen Tag materialisieren sich leise unsichtbare Ideen.

Ich reiße mir die Bilder Stück für Stück aus dem Gehirn.
August Macke

Große Kunst fängt dort an, wo die Natur endet.
Marc Chagall

Kunst hat nichts mit Geschmack zu tun. Kunst ist nicht dazu da, geschmacklich bewertet zu werden.
Max Ernst

Wenn man es in Worten ausdrücken könnte, gäbe es keinen Grund zu malen.
Edward Hopper

Ein Bild, welches nicht schockiert, ist es nicht wert, gemalt zu werden.
Marcel Duchamp

6. Die 100 berühmtesten Bilder

Es gibt alle möglichen Listen der besten Bilder, in Buchform, als Serie im Fernsehen, im Internet. Als ich vor zwei Jahren mit dem Manuskript begann, schien im Internet die Liste

`*Listology - the 100 best paintings*´

eine vernünftige Auswahl getroffen zu haben. Doch als ich ein Jahr am später am Manuskript weiterarbeitete, war die Liste bereits verschwunden. Die Top 20 die ich damals schon in Tabellenform gebracht hatte, sind im Anhang wiedergegeben. Schließlich wechselte ich zu

Top 100 Masterpieces - World's Most Famous Paintings.

der Webseite *brushwiz.com*, die, was die Top-Bilder betraf, eine vernünftige Auswahl abzubilden schien. Im mittleren Bereich der Tabelle war ich mir dann nicht mehr ganz so sicher, weil ein paar wichtige Maler fehlten. Der hintere Teil der Liste schloss dann aber wieder wichtige Lücken. Neueste Kunsttrends sind allerdings nicht abgebildet, wichtige Künstler wie Gerhard Richter und Banksy fehlen.

Wer es ausführlicher mag, wird durch Stephen Farthings Zusammenstellung *1001 Paintings you must see before you die* bedient. Ein Werk von Banksy und zwei von Richter sind darin auch enthalten.

Banksys spektakuläres *devolved Parliament*, kürzlich für 11 Millionen Pfund verkauft, ist jedoch noch nicht aufgeführt.

Ein Bild, welches mich bereits in der Kindheit sehr beeindruckt hat, fehlt sowieso in allen Listen. Rudolph Zallingers *The age of reptiles* aus dem Jahr 1947. Dokumentarische Paläo-Kunst, ein Riesenfresko, gut durchkomponiert und präzise ausgeführt, gehört es zu den Top-Gemälden, die nicht zur Kunst gerechnet werden.

Top 100 Masterpieces - World's Most Famous Paintings

https://www.brushwiz.com/most-famous-paintings/

Title	Painter	Year	Museum
Mona Lisa	Leonardo da Vinci	1503	Louvre, Paris
Starry Night	Van Gogh	1889	Moma, New York
The scream	Edvard Munch	1893	Nationalmuseum, Oslo
The Night Watch	Rembrandt	1642	Rijksmuseum, Amsterdam
The Kiss	Gustav Klimt	1908	Belvedere, Wien
The Arnolfini Portrait	Jan van Eyck	1434	National Gallery, London
The Girl With a Pearl Earring	Jan Vermeer	1665	Mauritshuis, Den Haag
Impression, Sunrise	Claude Monet	1872	Musee Marmottan, Paris
Las Meninas	Diego Velazquez	1656-57	Prado, Madrid
The Creation of Adam	Michelangelo	1511	Sixtinische Kapelle, Vatikan
The Luncheon Of the Boating Party	Pierre-Auguste Renoir	1880-81	Philipps Collection, Washington
The Grand Odalisque	Ingres	1814	Louvre, Paris
The Swing	Fragonard	1767-68	Wallace Collection, London
The Liberty Leading the People	Eugene Delacroix	1830	Louvre, Lens
The Birth of Venus	Botticelli	1486	Uffizien, Florenz
Napoleon Crossing the Alps	Jacques Louis David	1802	Chateau Versailles
Musicians	Caravaggio	17. Jh.	Metropolitan, New York
American Gothic	Grant Wood	1930	Art Institute, Chicago
Sunday Afternoon on the Island of La Grande Jatte	Georges Seurat	19. Jh.	Art Institute, Chicago
The Sleeping Gypsy	Henri Rousseau	1897	Moma, New York

Title	Painter	Year	Museum
The Triumph of Galatea	Raffael	1512	Villa Farnesia, Rom
The Gleaners	Jean-Francois Millet	19 Jh.	Musee d' Orsay, Paris
Allegoria della Primavera	Botticelli	1478	Uffizien, Florenz
The Third of May 1808	Francisco Goya	1814	Prado, Madrid
Charles I in Three Positions	Anthony Van Dyck	17 Jh.	Royal Collection, London
The Wanderer Above the Sea of Fog	Caspar David Friedrich	1818	Kunsthalle, Hamburg
Olympia	Eduard Manet	1863	Musee d'Orsay, Paris
The Tower Of Babel	Peter Bruegel the Elder	1565	Museum Boijmans, Rotterdam
View Of Toledo	El Greco	1599	Metropolitan, New York
A Cotton Office in New Orleans	Edgar Degas	1873	Musée des Beaux Arts, Pau
Bacchus and Ariadne	Tizian	1522-23	National Gallery, London
The Sleepers	Gustave Courbet	19. Jh.	Musée de Mont de Piete, Bergues
The Gross Clinic	Thomas Eakins		Philadelphia Museum of Art
The Ninth Wave	Ivan Aivazovsky	1850	Staatliches Museum, St. Petersburg
Il Cenacolo	Leonardo	1497	Santa Maria delle Grazie, Mailand
St. George and the Dragon	Paolo Uccello	1470	National Gallery, London
Mr. and Mrs Robert Andrews	Thomas Gainsborough	1750	National Gallery, London
Pollice Verso	Jean-Leon Jerome	1872	Phoenix Art Museum
Pilgrimage to Cythera	Antoine Watteau	1717	Louvre, Paris
Large Bathers	Paul Cezanne	1906	Philadelphia Museum of Art

Title	Painter	Year	Museum
The Astronomer	Johannes Vermeer	1668	Louvre, Paris
Wave	William-Adolphe Bouguereau	1896	Privatsammlung
The Fall of the Damned	Peter Paul Rubens	1620	Alte Pinakothek, München
The Bar at the Follies Bergrères	Edouard Manet	1882	Courtauld Institute, London
The Storm on the Sea of Galilee	Rembrandt	17.Jh	Unbekannt
The Laughing Cavalier	Frans Hals	1624	Wallace Collection, London
Paris Street in Rainy Weather	Gustave Caillebotte	1877	Privatsammlung
Foxes	Franz Marc	1913	Kunstmuseum, Düsseldorf
The Lady with the Ermine	Leonardo da Vinci	1496	Czartoryski Museum, Krakow
Watson and the Shark	John Singleton Copley	1778	National Gallery, Washington
The Ladies Waldegrave	Joshua Reynolds	1780	Scottish National Gallery, Edinburgh
Whistler's Mother	James Abbott McNeill Whistler	1871	Musée d'Orsay,, Paris
Dance at Le Moulin De La Galette	Pierre-Auguste Renoir	1876	Musée d'Orsay, Paris
Breezing Up	Winslow Homer	1876	National Gallery of Art, Washington
The Great Wave of Kanagawa	Katsushika Hokusai	1829-32	Library of Congress, Washington
Large Seated Nude	AmedeoModigliani	1917	Privatsammlung
Stag Night at Sharkeys	George Bellows	1909	Cleveland Museum of Art
The Night Cafe	Vincent van Gogh	188	Yale University Art Gallery, New Haven
The Avenue in the Rain	Childe Hassam	1917	White House, Washington
The Annunciation	Leonardo Da Vinci	1480	Louvre, Paris

Title	Painter	Year	Museum
The Ambassadors	Hans Holbein der Jüngere	1533	National Gallery, London
Flaming June	Frederic Leighton	1895	Museo de Arte de Ponce, Puerto Rico
Susanna and the Elders	Artemisia Gentileschi	17. Jh	Schloß Weißenstein, Pommersfelden
Composition VIII	Wassily Kandinsky	1923	Guggenheim Museum, New York
The Oath of Horatii	Jacques-Louis David	1784	Louvre, Paris
A Friend in Need	Cassius Marcellus Coolidge	1903	Privatsammlung
Dante and Virgil in Hell	William-Adolphe Bouguereau	1850	Privatsammlung
Saturn Devouring His Son	Francisco Goya	1819-23	Prado, Madrid
Battle of Issus	Albrecht Altdorfer	1529	Alte Pinakothek, München
The Potato Eaters	Vincent Van Gogh	1859	Van Gogh Museum, Amsterdam
The Birth of Venus	Alexandre Cabanel	1863	Musée d'Orsay, Paris
Mars and Venus Allegory of Peace	Louis-Jean-Francois Lagrenee	1770	Paul Getty Museum, Los Angeles
Red Balloon	Paul Klee	1922	Guggenheim Museum, New York
The Lady of Shalott	John William Waterhouse	1888	Tate Britain, London
Portrait of a Gentleman Skating	Gilbert Stuart	1782	Privatsammlung
The Hay Wain	John Constable	1821	National Gallery, London
The Boat Trip	Mary Cassatt	1893-94	National Gallery of Art, Washington
Sleeping Venus	Tizian	1510	Gemäldegalerie, Berlin
Adoration of the Magi	Gentile da Fabriano	1423	Uffizien, Florenz
Portrait of a Young Man	Raffael	1514	Unbekannt

Title	Painter	Year	Museum
Boulevard Montmartre Spring	Camille Pissarro	1897	Privatsammlung
The Wedding at Cana	Paolo Veronese	1563	Louvre, Paris
The Anatomy Lesson of Dr. Nicolaes Tulp	Rembrandt	1632	Mauritshuis, Den Haag
The Raft of Medusa	Theodore Gericault	1818-19	Louvre, Paris
The Kiss	Francesco Hayez	1859	Pinacoteca di Brera, Mailand
The Bath	Jean-Leon Gerome	1880-85	De Young Museum, San Francisco
Fort Vimieux	William Turner	1831	Privatsammlung
The Japanese Bridge	Claude Monet	1887-89	Unbekannt
Washington Crossing the Delaware	Emanuel Gottlieb Leutze	1851	Metropolitan Museum, New York
The Garden of Earthly Delights	H. Bosch	1504	Prado, Madrid
The Supper at Emmaus	Caravaggio	1601	National Gallery, London
Feast of the Rosary	Albrecht Dürer	16. Jh.	Nationalgallerie, Prag
The Hireling Shepherd	William Holman Hunt	19. Jh	Manchester Art Gallery
The Hunters in the Snow	Pieter Bruegel der Ältere	1565	Kunsthistorisches Museum, Wien
The Seed of Areoi	Paul Gauguin	1892	Moma, New York
Barge Haulers on the Volga	Ilya Repin	1870-73	Russisches Staatsmuseum, St. Petersburg
Odalisque	Francois Boucher	1749	Louvre, Paris
Cardsharps	Caravaggio	16. Jh	Kimbell Art Museum, Fort Worth, Texas
The Pont Du Gard	Hubert Robert	1787	Louvre, Paris
The Luncheon on the Grass	Edouard Manet	1863	Musée d'Orsay, Paris

7. Die 100 besten Kunstmuseen in Deutschland

Im Jahre 2015 fasste ich das Lebensziel von 1000 besuchten Kunstmuseen. Bis dahin hatte ich schon ein paar Hundert geschafft. Ende 2017 erreichte ich dieses Ziel durch ein dicht getaktetes Besuchen, meist an Wochenenden, von Museen vor allem in Kunstmetropolen. Bis zu 10 Museen besuchte ich an einem Tag in Städten wie Berlin, Amsterdam oder London. Eine großzügige Zählweise (Kunsthallen, Galerien und Kirchen mit wichtigen Gemälden eingeschlossen) half ebenfalls.

Ergebnis dieser Sammelei, wollte ich ursprünglich hier die 100 besten Kunstmuseen Europas aufzählen. Doch so eine Liste enthält zu viele bedeutende und bereits stark besuchte Einrichtungen, wie Louvre, Prado oder National Gallery. Manche kleinere Museen werden dagegen recht spärlich besucht. Deshalb beschränkte ich die Top-100-Liste auf Deutschland, wo viele kleinere Häuser zu wenig Beachtung finden. Manches beachtliche Kunstmuseum findet sich zudem in Städten wie Ludwigshafen oder Hagen, die kaum ein Tourist je besucht. Manche Orte hoffen, durch den sogenannten Bilbao-Effekt bzw. Guggenheim-Effekt zur Touristenstadt zu werden. Die Industriestadt Bilbao im Baskenland wurde lange von Touristen kaum beachtet. Die Touristenströme setzten erst ein, als dort das vom kanadischen Architekten Frank Gehry entworfene spektakuläre Guggenheim-Museum erbaut wurde.

Im Folgenden werden die 100 deutschen Kunstmuseen, die mich am meisten beeindruckt haben, nach Bundesländern (in Süd-Nord-Reihenfolge) aufgelistet.

Meine Heimatstadt Isny ist sehr klein und kann nicht mit vielen Sehenswürdigkeiten auftrumpfen. Es gibt jedoch ein mitten in der Stadt gelegenes Schloss, in welchem sich eine Kunsthalle sowie die Städtische Galerie befindet. Trotz der guten Erreichbarkeit und der geringen Konkurrenz durch andere Museen in der Nähe musste ich zu meiner Überraschung feststellen, dass keiner meiner Verwandten je in den Kunstmuseen im **Isnyer Schloss** war. Auch ich war dort nie gewesen und holte das erst im Jahr 2017 nach und fand sehenswerte repräsentative Räumlichkeiten in einem kleinen Schloss mit Kunsthalle und eine Dauerausstellung zu Bildern des Isnyer Malers Friedrich Hechelmann.

Überrascht war ich vor wenigen Jahren auch beim Besuch des mit Architekturpreisen (Stuttgarter Architekturbüro Lederer, Ragnasdottir, Oei) bedachten **Kunstmuseums Ravensburg**, dass hier mein Lieblings-Expressionist Otto Müller zu sehen ist. Gefallen hat mir immer auch die Architektur der **Neuen Staatsgalerie** in Stuttgart, einem bedeutenden Bau der Postmoderne in Deutschland (Architekt Hans Hollein). Als ich in den 1980er Jahren ein Foto davon einem Kommilitonen zeigte, gefielen diesem die bunten Fassadenelemente jedoch nicht. `Ein Gebäude ist kein Clown´, meinte er.

2016 war ich von Frankfurt nach Speyer unterwegs, um dort zwei Kunstmuseen zu besuchen. Ich wollte in **Mannheim** beim Umsteigen kurz in die **Kunsthalle**, der Erweiterungsbau war noch nicht fertig, um dort das berühmte Manet Bild *Die Erschießung Kaiser Maxilimians von Mexiko* zu sehen. Das wollte ich kurz nach 10:00 machen, denn um 11:16 ging mein Zug nach Speyer. Doch die Kunsthalle öffnete erst um 11:00. Als sie endlich aufmachte, musste ich noch im Keller mein Gepäck einschliessen. Schließlich sah ich im oberen Stockwerk das Manet-Bild und schaute mir noch weitere Räume an. Bald holte ich wieder meine Tasche, ging aber noch in den Museumsshop, der damals in einem Container vor dem

Gebäude zu finden war, um Postkarten zu kaufen. Schließlich machte ich mich zum Bahnhof auf. Zu meiner Überraschung stand der Zug nach Speyer noch am Gleis und ich konnte einsteigen. Danach wunderte ich mich selbst, was ich in einer Viertelstunde alles geschafft hatte. Damals schon gefiel mir die vorgehängte Metallgitterfassade des Museumsneubaus nicht und das hat sich bis heute nicht geändert. Interessanterweise ersetzt der Erweiterungsbau eine Erweiterung aus dem Jahre 1983, ein Bau von Hans Mitzlaff (1910-1997), der ab 2014 jedoch abgerissen wurde. Die neue Kunsthalle habe ich seither zweimal besucht. Innen zwar tolle Durchblicke, aber ein bisschen bedauere ich, dass man das Museum nicht mehr durch das repräsentative, platzabgewandte Entree des Hermann Billing Sandstein-Jugendstilbaus aus dem Jahr 1907 erreicht. Manets Bild ist heute viel schwerer zu finden, als vor der Eröffnung des Neubaus im Juni 2018.

Kunstmuseen, die mich am meisten beeindruckt haben

Baden-Baden, Museum Frieder Burda
Urbach, Sammlung Hurley
Freiburg, Augustinermuseum
Karlsruhe, ZKM
Mannheim, Kunsthalle
Ravensburg, Kunstmuseum
Schwäbisch Hall, Kunsthalle Würth
Stuttgart, Staatsgalerie
Ulm, Kunsthalle Weishaupt
Waldenburg, Museum Ritter

Bayern

Als ich in den 1980er Jahren an der TU München studierte, war ich dort von Kunstmuseen umgeben. Obwohl nur einen Katzensprung entfernt, hatte ich jedoch nur selten die **Alte Pinakothek**, eine der bedeutendsten Sammlungen Alter

Meister in Deutschland, besucht. Dabei hatte mich als Schüler die dort ausgestellte *Alexanderschlacht* von Albrecht Altdorfer besonders beeindruckt. Wegen meiner Vorliebe für den deutschen Expressionismus war ich jedoch öfter im **Lenbachhaus**, welches über die größte Sammlung zum Blauen Reiter verfügt und in einer grandiosen Malerfürstenvilla beheimatet ist.

Germanisches Nationalmuseum, das klingt bombastisch, aber, obwohl oft in Nürnberg, habe ich dieses erst vor wenigen Jahren besucht und der Grund waren weniger die Bilder, als der Globus von Martin Behaim aus dem Jahre 1493, die erste solche Dartsellung der Erdkugel. Das 1492 entdeckte Amerika ist auf dem Globus noch nicht dargestellt. Erst spät, als ich systematischer Kunstmuseen sammelte, verschlug es mich nach Schweinfurt, eine von Touristen wenig besuchte Industriestadt, jedoch mit bedeutendem Kunstmuseum. Das **Georg Schäfer-Museum** beeindruckt dabei nicht nur durch moderne Architektur, es besitzt auch eine bedeutende Sammlung deutscher Malerei des 19. Jahrhunderts. Kenner haben es bereits in eine Liste der Top 200 der deutschen Kulturreiseziele aufgenommen.

Durch meine Museumssammelei verschlug es mich im Jahr 2016 in den kleinen Klosterort Ottobeuren, wo ich ein kleines Museum mit augenschmeichelnder moderner Kunst fand (das **Dieter-Kunerth-Museum**).

Positiv überrascht war ich auch von der Gestaltung, vom städtebaulichen Kontext und der Qualität der Sammlung des Würzburger **Museums im Kulturspeicher**.

<u>Kunstmuseen, die mich am meisten beeindrucktm haben</u>

München, Alte Pinakothek
München, Lenbachhaus
München, Museum Brandhorst
München Glyptothek
München, Haus der Kunst

München Sammlung Schack
Nürnberg, Germanisches Nationalmuseum
Nürnberg, Neues Museum
Ottobeuren, Museum für zeitgenössische Kunst Diether Kunerth
Schweinfurt, Museum Georg Schäfer
Würzburg, Museum im Kulturspeicher

Saarland

Im Frühjahr 2016 besuchte ich die **Moderne Galerie des Saarlandmuseums** in Saarbrücken. Zuerst einmal musste ich den Kopf schütteln. Ein Erweiterungsbau, der vierte Pavillon, stand als halbfertige Ruine da. Ja schaffen die es nicht mal, so einen simplen Betonkubus hinzukriegen, dachte ich. Großprojekte gehen in Deutschland mittlerweile ja reihenweise schief, aber das war nicht mal ein sehr großes und komplexes Projekt. Die simple moderne architektonisch unaufdringliche Bestandsarchitektur gefällt mir jedoch und auch die Sammlung, vor allem das Blaue Pferdchen von Franz Marc. Als ich das Museum im März 2018 noch mal besuche, ist der vierte Pavillon endlich fertig, die Gestaltung wird gelobt, alle sind nach langer Verzögerung und Kosten-explosion einigermaßen zufrieden und ich sehe in diesem Pavillon eine gute Ausstellung moderner Kunst.

<u>Kunstmuseen, die mich am meisten beeindruckt haben</u>

Saarbrücken, Saarlandmuseum, Moderne Galerie

Rheinland-Pfalz

Vor etwa 10 Jahren hatte ich das Ziel von 1000 besuchten deutschen Bahnhöfen. Der Tausendste sollte dann der Bahnhof Rolandseck in Remagen sein. Bei der Gelegenheit besuchte ich auch das sehenswerte Arp-Kunstmuseum, welches 2007 eröffnet worden war. Dieses besteht aus einem oberhalb des Bahnhofs gelegenen Neubau des amerikanischen Architekten Richard Meier, der mit dem Bahnhofsgebäude unterirdisch verbunden ist. Beeindruckend auch die Aussicht von der Terrasse des Museumsrestaurants auf das Rheintal.

Zu den Städten, die von Touristen trotz guter Kunstmuseen kaum besucht werden, gehört Ludwigshafen mit dem **Wilhelm Hack-Museum**, dem bedeutendsten Museum für moderne Kunst in Rheinland-Pfalz. Allein schon die Miró-Wand mit 7200 Fliesen des katalanischen Künstlers gibt dem Museum ein Alleinstellungsmerkmal. Die Einfuhr wäre 1979, Spanien war noch nicht in der EU, fast am Zoll gescheitert, der die Fliesen dem Sanitärbereich zuordnete und hohe Zollgebühren veranschlagen wollte. Die Oberfinanzdirektion erkannte schließlich, dass die Fliesen Teil eines Kunstwerkes waren. Immer wieder entscheiden sich Kunstsammler, so auch Wilhelm Hack, ihre Sammlung einer Stadt zu überlassen, die noch nicht mit Kunstmuseen gesättigt ist und wo das Kunstmuseum deshalb noch Wirkung zeigt. Außerdem kommen solche Städte, um attraktiver zu werden, den Vorstellungen von Sammlern und Mäzenen oft in vielen Bereichen entgegen.

<u>Kunstmuseen, die mich am meisten beeindruckt haben</u>

Kaiserslautern, Pfalzgalerie
Ludwigshafen, Wilhelm Hack Museum
Remagen, Arp Museum

Hessen

Ein Freund von mir, der sich mit Kultur gut auskennt, hat folgende Top-5 Liste der deutschen Kunstmuseen aufgestellt: Städel Frankfurt), Alte Nationalgalerie Berlin, Alte Meister Dresden, Alte Pinakothek München, Staatsgalerie Stuttgart. Wobei für ihn das Städel ganz oben steht. 2012 wurde es um einen Anbau für moderne Kunst erweitert.

Nach einer Sanierung bis 2014 machte auf das Landesmuseum Darmstadt bei einem Besuch im Frühjahr 2016 auf mich einen taufrischen und guten Eindruck. Überraschend der viele Raum, den die Kunst von Joseph Beuys einnimmt. In Osthessen überrascht die kleine Stadt Hünfeld mit gleich zwei interessanten Museen. Das Museum für den Computerpionier Konrad Zuse, den es nach dem Krieg nach Hünfeld (wo die Liebe..) verschlagen hatte. Zudem gibt es ein überraschend großes privates Museum moderner Kunst.

<u>Kunstmuseen, die mich am meisten beeindruckt haben</u>

Darmstadt, Landesmuseum
Frankfurt, Städel
Frankfurt, Museum für Moderne Kunst
Hünfeld, Museum of Modern Art
Kassel, Museum Schloss Wilhelmshöhe Gemäldegalerie
Wiesbaden, Museum

Nordrhein-Westfalen

Die wohlhabende westfälische Industriestadt Herford bestellte bei Gehry eine ähnliche spektakulär-dekonstruktivistische Architektur wie Bilbao für sein Guggenheimmuseum und hoffte wohl ebenfalls auf einen Guggenheim Effekt, der die Stadt auf die touristische Landkarte setzen würde. Doch nur Kenner nahmen das neue Museum **MARTA** zur Kenntnis. Einmal besuchte ich das Kunstmuseum im nahe gelegenen Ahlen und nahm an einer Führung teil. Als ich eine Dame vom Personal fragte, was sie vom MARTA in Herford hielte, meinte sie, sie kenne dieses Museum nicht.
Ein ähnlicher Fall ist die **Küppersmühle** im Duisburger Innenhafen. Als ich in Duisburg wohnte, hatte ich sie zahlreichen Bekannten gezeigt und alle waren von der Museumsarchitektur und der Qualität der ausgestellten

Werke positiv überrascht. Im Jahr 2020 wird das Museum durch einen Erweiterungsbau sogar noch größer. In Duisburg findet sich mit dem **Lehmbruckmuseum** ein weiteres bedeutendes Kunstmuseum, mit den prägnanten Skulpturen von Wilhelm Lehmbruck (1881-1919), der in Duisburg-Meiderich das Licht der Welt erblickte. Der schlichte 1960er Jahre Betonbau lässt die ausgestellten Plastiken gut zur Geltung kommen. Von 2016 bis 2018 hatte ich eine Wohnung in der Dellstraße, nur 100 m von Museum entfernt.

Krefeld, ehemalige Seiden- und Krawattenstadt, ist heute eine an Sehenswürdigkeiten eher arme und deshalb von Touristen kaum besuchte, unauffällige linksrheinische Industriestadt. Krefeld hat jedoch Kunstmuseen in sehenswerten Örtlichkeiten zu bieten, darunter das Haus Lange und das Haus Esters, Stadtvillen, die von Mies van der Rohe erbaut wurden. Ein repräsentativer Bau ist auch das historistische **Kaiser-Wilhelm-Museum**, das nach einer Sanierung seit 2016 in neuer Pracht zu bewundern ist. Es gehört zu den schönsten Museen am Niederrhein.

An kaum einem Bahnhof bin ich schon so oft umgestiegen, wie am Kölner Hauptbahnhof, vielleicht schon 1000x. Manchmal habe ich die Gelegenheit für einen Besuch des nahe gelegenen **Ludwig-Museums** genutzt und jedes Mal war ich überrascht, dass ich noch was Neues entdecken konnte. Einmal stellte ich zu meinem Erstaunen fest, dass es im Museumskomplex sogar ein Kino gibt.

Viele Besuche in Köln bedurfte es jedoch, bis ich realisierte, dass mit dem unweit gelegenen **Wallraf Richartz-Museum** mit seinen vormodernen Stilepochen die Domstadt ein noch bedeutenderes Kunstmuseum besitzt.

<u>Kunstmuseen, die mich am meisten beeindruckt haben</u>

Aachen, Ludwig Forum
Ahlen, Kunstmuseum
Bielefeld, Kunstforum Hermann Stenner

Bochum, Kunstmuseum
Bonn, Kunstmuseum Bonn
Bonn, Bundeskunsthalle
Bottrop, Quadrat Bottrop
Dortmund, Museum Ostwall
Düsseldorf, Kunstsammlung NRW
Düsseldorf, Museum Kunstpalast
Duisburg, Lehmbruck Museum
Duisburg, Küppersmühle
Essen, Museum Folkwang
Köln, Wallraff-Richartz-Museum
Köln, Museum Ludwig
Krefeld, Kaiser Wilhelm Museum
Mönchengladbach, Abteiberg
Neuss, Museum Insel Hombroich

Bremen

In Bremen ist die Böttcherstraße ein ziegelexpressionistisches Gesamtkunstwerk. Ein beeindruckendes Ambiente auch für das **Paula- Modersohn-Becker- Haus** mit Bildern der Künstlerin.

<u>Kunstmuseen, die mich am meisten beeindruckt haben</u>

Bremen, Kunsthalle
Bremen, Museen Böttcherstraße
Bremen, Gerhard Marcks Haus

Niedersachsen

Zu den Kunstmuseen, welche ich mehrmals besucht habe, gehört das **Sprengel-Museum** in Hannover, allein schon der dadaistische Merzbau von Kurt Schwitters lohnt einen Besuch. Im Jahr 2015 wurde ein Erweiterungsbau eröffnet. Die Architektur des Baus wurde durch die dunkle Sichtbetonfassade und die Kubatur in Hannover bald als

Brikett am Maschsee verspottet. Innen beeindruckt das Museum jedoch durch überzeugende Raumgliederung.

Nach langjähriger Sanierung wurde im Oktober 2016 das Herzog-Anton-Ulrich-Museum (HAUM) in Braunschweig wiedereröffnet. Bei einem Besuch im Dezember 2018 zeigt es sich als überraschend prächtiger Bau mit repräsentativen Sälen in verschiedener Farbgebung. Eines der ältesten Kunstmuseen Deutschlands, wird es auch als `Louvre des Nordens´ bezeichnet.

<u>Kunstmuseen, die mich am meisten beeindruckt haben</u>

Braunschweig, Herzog-Anton-Ulrich-Museum
Hannover, Landesmuseum
Hannover, Sprengel-Museum
Oldenburg, Landesmuseum
Oldenburg, Horst-Janssen Museum
Osnabrück, Felix-Nussbaum-Haus
Wolfsburg, Kunstmuseum

<u>Hamburg</u>

Hamburger Kunstfreunde beklagen manchmal, dass die Stadt kein traditionelles Kunstmuseum mit Alten Meistern besitze. Deshalb überrascht ein bisschen, dass in Stephen Farthings Buch *1001 Paintings you must see, before you die* die Hamburger Kunsthalle mit mehr Bildern vertreten ist, als jedes andere deutsche Kunstmuseum, und sogar mit ziemlichem Abstand (mehr als 20 Bilder). Vor allem das 19. Jahrhundert und das frühe 20. Jahrhundert sind hier gut vertreten mit Malern wie Runge, Friedrich, Slevogt und Corinth. Als ich einen Freund Alter Meister auf Gemälde wie die *Hülensbeckschen Kinder* von Runge verweise, verdreht der jedoch nur die Augen.

Ein weiteres Highlight in Hamburg ist das Museum für Kunst und Gewerbe. Speziell die dorthin transferierte einstige Spiegel-Kantine des dänischen Designers Verner Panton mit ihren fast psychedelischen Farben beeindruckt.

<u>Kunstmuseen, die mich am meisten beeindruckt haben</u>
Ernst Barlach Haus
Bargheer Museum
Deichtorhallen
Kunsthalle
Museum für Kunst und Gewerbe

Schleswig-Holstein

Kiel hat nur wenige Architekturhighlights, die **Kunsthalle** gehört durch Lage und Ausblicke allerdings dazu. Nicht nur moderne Kunst wird hier beeindruckend dargeboten. Was mich am meisten bei meinem Besuch überrascht hat, ist die hier ebenfalls ausgestellte umfangreiche Antikensammlung so hoch im Norden. Diese Lehrsammlung gehört der Universität Kiel.

<u>Kunstmuseen, die mich am meisten beeindruckt haben</u>

Flensburg, Museumsberg
Kiel, Kunsthalle
Lübeck, Günter-Grass-Haus

Berlin

In Berlin habe ich bisher mehr als 50 Kunstmuseen, Gallerien und Ausstellungsräume besucht. Allerdings brauchte ich eine Weile, bis ich die mit alter Kunst gut ausgestattete **Gemäldegalerie** entdeckte. Durch ihre Randlage am Kulturforum bekommt sie nicht die Besucherzahlen, die ihr eigentlich angemessen wären.
Aber die Tatsache, dass man hier, anders als im Louvre, ohne Besuchermassen Bilder noch in Ruhe anschauen kann, schätzen gerade Kunstkenner.

Mehrere Anläufe brauchte ich auch, bis ich ins
Buchstabenmuseum unter einem S-Bahnbogen am Bahnhof
Bellevue kam. Denn lange war es geschlossen. Es Überwältigt
einen nicht durch eine Vielzahl von Exponaten, hat aber eine
besondere Atmosphäre und stellt etwas Besonderes aus. Es
gehört deshalb zu meinen Lieblingsmuseen.

<u>Kunstmuseen, die mich am meisten beeindruckt haben</u>

Alte Nationalgalerie
Berlinische Galerie
Bode-Museum
Georg Kolbe Museum
Gemäldegalerie
Hamburger Bahnhof
Liebermann Villa Wannsee
Neue Nationalgalerie
Pergamonmuseum
Brücke-Museum
Buchstabenmuseum

Brandenburg

Die Attraktivität der Stadt Potsdam wächst dauernd. Im
Januar 2017 bekam sie durch die Eröffnung des Barberini-
Museums im rekonstruierten klassizistisch barocken Bar-
berini-Palast einen weiteren Schub. Anfangs war der
Besucherandrang so groß, dass man Zeitfenster buchen
musste, um überhaupt reinzukommen (also ganz anders, als
bei der Berliner Gemäldegalerie).

<u>Kunstmuseen, die mich am meisten beeindruckt haben</u>

Potsdam, Museum Barberini
Museum Dieselkraftwerk, Cottbus

Mecklenburg-Vorpommern

In Greifswald ist das **Pommersche Landesmuseum** ein Bau, der sehr harmonisch Alt und Neu verbindet. Zweimal war ich bereits dort. In Schwerin beeindruckt das historistische Gebäudeensembles am Schlossplatz, welches die **Kunstsammlung** mit ihren repräsentativen historischen Räumen einschließt. Nach der Erweiterung im Jahr 2016 ist hier auch Platz, moderne Kunst in großzügigen Räumen darzustellen.

Kunstmuseen, die mich am meisten beeindruckt haben
Greifswald, Pommersches Landesmuseum
Güstrow, Ernst Barlach-Stiftung
Schwerin, Kunstsammlungen

Sachsen-Anhalt

Mein Lieblingsmuseum in Sachsen-Anhalt ist die **Moritzburg** in Halle. Der Innenhof des Schlosses beeindruckt durch einen anregenden Stilmix und eine gute Ergänzung der historischen Bausubstanz durch moderne Elemente. In der Kunstsammlung gefallen deutsche Expressionisten wie Franz Marc mit seiner gelben Kuh.

Kunstmuseen, die mich am meisten beeindruckt haben
Dessau, Bauhausvillen
Halle, Moritzburg
Magdeburg, Kloster Unserer Lieben Frau

Sachsen

Der Zwinger ist eines der wunderbarsten Schlösser Deutschlands. Zur beeindruckenden Barockarchitektur und der zugänglichen innerstädtischen Lage kommt auch noch eine hervorragende **Gemäldegalerie Alter Meister** mit Raffaels Sixtinischer Madonna als Highlight.

<u>Kunstmuseen, die mich am meisten beeindruckt haben</u>
Chemnitz, Kunstsammlungen, Museum Gunzenhauser
Chemnitz, Museum für Zeitgenössische Kunst
Dresden, Gemäldegalerie Alte Meister (Zwinger)
Dresden, Residenzschloss (Türcksche Kammer., Grünes Gewölbe)
Dresden, Albertinum
Leipzig, Museum der Bildenden Künste
Leipzig, Grassi-Museum

<u>Thüringen</u>

Als ich im Frühjahr 2016 das Lindenau-Museum in Altenburg besuche, kann das Kassenpersonal auf meinen Schein nicht rausgeben, denn Kleingeld fehlt. Es stellt sich heraus, dass an dem Morgen, es ist schon fast Mittag und, das Museum öffnet um 10:00, noch kein Besucher vor mir im Museum war. Schade, dass so frisch renovierte Museumskleinode so wenig Besucher haben, denke ich unwillkürlich. Als ich das Herzogliche Kunstmuseum in Gotha besuche, ebenfalls ein wunderschönes Museum, finde ich es ebenfalls Schade, dass hier, trotz Höhepunkten wie dem Gothaer Liebespaar, so wenige Besucher zu sehen sind. Ganz so leer wie in Altenburg war es allerdings nicht.

<u>Kunstmuseen, die mich am meisten beeindruckt haben</u>

Altenburg, Lindenaumuseum
Erfurt, Angermuseum
Gera, Otto-Dix-Haus
Gotha, Herzogliches Museum Schloss Friedenstein
Weimar, Bauhausmuseum

8. 100 Museen, die nur einem Künstler gewidmet sind

Große Museen erschlagen den Besucher oft mit der Fülle des Angebotenen. Man ist frustriert, weil man nicht alles sehen kann und sich nicht sicher ist, auf was man sich konzentrieren soll. Museen, die nur einem Künstler gewidmet sind, machen es einem dabei oft leichter, vor allem wenn das Oeuvre begrenzt ist.

Dies gilt zum Beispiel für das Anfang 2019 eröffnete **Hermann Stenner Forum** in Bielefeld. Durch seinen frühen Tod im 1. Weltkrieg, mit nur 23 Jahren, war ihm eine nur kurze Schaffensperiode vergönnt. Trotzdem schuf er kein kleines Oeuvre, das impressionistisch begann und sich dann in Richtung Expressionismus entwickelte. In Bielefeld werden farblich und kompositorisch beeindruckende Werke dieses außerhalb Westfalens wenig bekannten Künstlers gezeigt.

Zu den beeindruckendsten Kunsterfahrungen gehört ein Besuch des **Felix-Nussbaum-Hauses** in Osnabrück. Felix Nussbaum wurde von den Nazis noch gegen Ende des Krieges in Belgien, wo er untergetaucht war, aufgespürt und ermordet. Die Raumabfolge und Gestaltung des Museum vollzieht diese beklemmende Ausweglosigkeit nach.
Ein beeindruckendes Gesamtkunstwerk in der backstein-expressionistischen Bremer Böttchergasse ist das Paula **Modersohn-Becker-Haus**.
Das **Otto-Dix-Museum** in seinem Geburtshaus in Gera ist ein Must für alle Freunde der Neuen Sachlichkeit. Otto Dix war einer der bedeutendsten deutschen Maler des 20. Jahrhunderts, seine Bilder zeichnen sich durch Originalität und stilistische Vielfalt aus.
In Speyer überrascht, dass es mit dem **Feuerbach-Haus** und dem **Purrmann Haus** in einer Mittelstadt gleich zwei Malermuseen gibt.

Deutschland

Museum	Stadt
Georg Kolbe Museum	Berlin
Käthe Kollwitz Museum	Berlin
Liebermann Villa	Berlin
Zille Museum	Berlin
Kaulbachhaus	Bad Arolsen
Friedrich Eckenfelde Galerie	Balingen
Rolf Werner Gedenkatelier	Bansin
Hans Thoma Kunstmuseum	Bernau
Braith-Mali Museum	Biberach
Kunstforum Hermann Stenner	Bielefeld
August Macke Haus	Bonn
Max Ernst Museum	Brühl
Paula Modersohn Becker Haus	Bremen
Wilhelm Wagenfeld Haus	Bremen
Gerhard Marcks Haus	Bremen
Overbeck Museum	Bremen-Vegesack
Marie Hager Haus	Burg Stargard
Josef Hegenbarth Archiv	Dresden
Werner Weckwerth Museum	FWilhelm Lübke Koog
Caspar David Friedrich Museum	Greifswald
Ernst Barlach Stiftung	Güstrow
Otto Dix Haus	Gera
Bargheer Museum	Hamburg
Wilhelm Busch Museum	Hannover
Otto Dix Haus	Hemmenhofen
Hechelmann Sammlung im Schloss	Isny
Wenzel Hablik Museum	Itzehoe
Franz Marc Museum	Kochel
Käthe Kollwitz Museum	Köln
Atelier Oskar Niemeyer-Holstein	Koserow
Günter Grass Haus	Lübeck
Münter-Haus	Murnau
Otto Dill Museum	Neustadt (Welches?)
Edwin Scharff Haus	Neu-Ulm

Deutschland (Fortsetzung)

Richard Haizmann Museum	Niebüll
Albrecht Dürer Haus	Nürnberg
Horst-Janssen Museum	Oldenburg (Oldenburg)
Felix Nussbaum Haus	Osnabrück
Dieter Kunerth	Ottobeuren
Museum Penzberg Sammlung Campendonk	Penzberg
Ernst Barlach Museum	Ratzeburg
Paul Weber Museum	Ratzeburg
Arp Museum	Remagen-Rolandseck
Rudolf Schäfer Haus	Rotenburg/Wümme
Nolde Stiftung	Seebüll
Theo Kerg Museum	Schriesheim
Wilhelm Morgner Museum	Soest
Feuerbach-Haus	Speyer
Purrmann Haus	Speyer
Stiftung Paul Kälberer	Sulz
Albert König Museum	Unterlüß
Franz Radziwill Haus	Varel
Böckstiegel Museum	Werther
Georg Meistermann	Wittlich
Heinrich Vogeler Museum	Worpswede
Rungehaus	Wolgast
Kurt Mühlenhaupt Museum	Zehdenick
Max Pechstein Museum	Zwickau

Österreich/Schweiz

Museum	Stadt
Zentrum Paul Klee	Bern
Gustav Klimt Zentrum	Schörfling am Attersee
Egon Schiele Museum	Tulln
Ernst Fuchs Museum	Wien

Frankreich

Museum	Stadt
Atelier Brancusi	Paris
Musée Eugène Delacroix	Paris
Musée Marmottan Monet	Paris
Musée Gustave Moreau	Paris
Picasso Museum	Paris
Musée Zadkine	Paris
Atelier Cézanne	Aix-en-Provence
Musée Camille Claudel	Nogent-sur-Seine
Courbet Museum	Ornans
Musée Fragonard	Grasse
Musée Matisse	Nizza
Monet Haus und Garten	Giverny
Musée Camille Pissarro	Pontoise
Musée Toulouse Lautrec	Albi
Fondation Vasarely	Aix-en-Provence

Belgien/Niederlande

Museum	Stadt
Rubenshaus	Antwerpen
Magritte Museum	Brüssel
Constantin Meunier Museum	Brüssel
Antoine Wiertz Museum	Brüssel
James Ensorhuis	Ostende
Rembrandthuis	Amsterdam
Van Gogh Museum	Amsterdam
Mondrianhuis	Amersfoort
Vermeer Museum	Delft
Frans Hals Haus	Haarlem

Spanien

Museum	Stadt
Picasso Museum	Malaga
Picasso Museum	Barcelona
Dali Museum	Figueras
Casa El Greco	Toledo
Fundacio Juan Miró	Barcelona
Casa Salvador Dali	Port Lligat
Museo Sorolla	Madrid

Italien

Museum	Stadt
Casa Buonarotti	Florenz
Casa di Giorgio Vasari	Florenz
Casa Natale di Raffaelo	Urbino

Übriges Europa

Museum	Stadt
Munch Museum	Oslo
Skovgaard Museum	Viborg
Alfons Mucha Museum	Prag
Jan Metejko Haus	Krakau
Wyspianski Museum	Krakau

9. 100 schöne Kunstbuchläden

Hier sind die nach der (subjektiven) Ansicht des Autors besten Kunstbuchläden Europas aufgeführt. Da es immer weniger Buchläden gibt, ist es schon gar nicht mehr leicht, überhaupt 100 Kunstbuchläden aufzulisten. Ursprünglich wollte ich nur 20 wirklich gute Läden nennen, aber dann wäre ich vom Schema der 10 Kapitel mit jeweils 100 Elementen abgewichen. Mit einiger Anstrengung ergab sich dann doch noch eine Liste mit genug Einträgen.
In Deutschland sind fast die Hälfte davon Walther König-Filialen. Walther König findet sich in vielen bedeutenden Museen und ist eine ordentlich ausgestattete Kunstbuchhandlung. Keine Kunstbuchhandlung habe ich bisher so oft besucht wie das beeindruckend mit Büchern vollgepackte Stammhaus in der Ehrenstraße in Köln. Weil ich viel mit der Bahn fahre und oft in Köln umsteige, war ich zudem schon sehr häufig in der ebenfalls gut sortierten Filiale im Museum Ludwig, unweit des Kölner Hauptbahnhofs. Zu den weiteren König-Filialen, welche mich beeindruckt haben, gehört die Filiale an der Museumsinsel in Berlin und die im Residenzschloss in Dresden. Bei der kleinen Filiale im Zwinger macht das Ambiente einiges her. Das gilt auch für die Filiale in der Zeche Zollverein in Essen mit ihrem Industriecharme. Zu den oft von mir besuchten Kunstbuchhandlungen gehört auch der unter der Berliner Stadtbahn gelegene Bücherbogen am Savignyplatz, über den hörbar die Züge hinwegrollen. Beim Buchladen Sautter und Lackmann in Hamburg, den ich bisher erst einmal besuchte, beeindruckte mich die unglaubliche Buchfülle.
Als ich in den 1980er Jahren in München studierte, war ich häufig bei der in der Innenstadt gelegenen Kunstbuchhandlung L. Werner zu Gast. Leider hat sie 2018 ihre Pforten geschlossen. Immerhin konnte ein Teil des Geschäftes in die Schwabinger Filiale gerettet werden.

30 schöne Kunstbuchläden Deutschland

- **Bücherbogen am Savignyplatz**, Berlin
- **Kunst-Buch Kollwitzplatz**, Berlin
- **Motto,** Berlin
- **Pro qm**, Berlin
- **Buchhandlung Moritzplatz** im Aufbauhaus, Berlin
- **Dussmann Museumsshop**, Berlin (Potsdamer Platz)
- **Deichtorhallen Museumsshop**, Hamburg
- **Merz Buchhandlung**, Sprengel-Museum Hannover
- **Rita Limacher**, Stuttgart
- **Sautter und Lackmann**, Hamburg
- **Architektur und Kunst, L. Werner**, München
- **Soda**, Berlin
- **Soda,** München
- **Städel**, Museumsshop, Frankfurt
- **Taschen,** Berlin (Friedrichstr.)
- **Taschen,** Hamburg (Bleichenbrücke)
- **Walther König an der Museumsinsel**, Berlin
- **Walther König in der James Simon-Galerie**, Berlin
- **Walther König Museum für Fotographie**, Berlin
- **Walther König im Kunstmuseum**, Bonn
- **Walther König Residenzschloss**, Dresden
- **Walther König Gemäldegalerie Alter Meister**, Dresden
- **Walther König, Kunsthalle**, Düsseldorf
- **Walther König im Ruhrmuseum Zeche Zollverein**, Essen
- **Walther König im Museum für Kunst u. Gewerbe**, Hamburg
- **Walther König,** Köln (Ehrenstr.)
- **Walther König im LWL**, Münster
- **Walther König im Lenbachhaus,** München
- **Walther König im Neuen Museum**, Nürnberg
- **Walther König im Kunstmuseum,** Stuttgart

In Österreich gefällt das beeindruckende historistische Ambiente des Kunsthistorischen Museums, in welches der Museumsshop eingebettet ist.

10 schöne Kunstbuchläden Österreich/Schweiz

- **Stampa**, Basel
- **Anima Mundi**, Gommiswald
- **Neverstopreading**, Zürich
- **Hochparterre**, Zürich
- **Bilderbuch**, Linz
- **Walther König MQ**, Wien
- **Kunstverlag Wolfrum**, Wien
- **Kunsthistorisches Museum, Museumsboutique**, Wien
- **Belvedere Museumsshop**, Wien
- **Lia Wolf**, Wien

Im Centre Pompidou in Paris fällt der riesige Flammarion-Buchladen ins Auge, mit 600m^2 Verkaufsfläche wohl der größte Kunstbuchladen Europas. Nicht weit vom Louvre ist Galignani ein sehr schöner Buchladen mit vielen Kunstbüchern.

10 schöne Kunstbuchläden Frankreich

- **Artazart**, Paris
- **Flammarion, Centre Pompidou,**   Paris
- **Galignani**, Paris
- **Le Plac´Art Photo**, Paris
- **Librairie du Musée du Louvre**, Paris
- **Librairie du Musée d´Orsay**, Paris
- **Librairie Michel Descours**, Lyon
- **Taschen**, Paris, Rue de Buci
- **Walther König Palais Tokyo**, Paris

Zu den Kunstbuchhandlungen, welche mir sonst noch auffielen, gehört Cook&Book in Brüssel, ein interessant gestalteter Laden mit breitem Sortiment, darunter viele Bücher zur Kunst. In Amsterdam kann man im Boekie Woekie handgemachte, von Künstlern gestaltete Bücher erwerben.

20 schöne Kunstbuchläden Benelux

- **Copyright**, Antwerpen
- **Copyright**, Gent
- **Fotomuseum Shop**, Antwerpen
- **MasShop**, Antwerpen
- **S.M.A.K**, Gent
- **Cook&Book**, Brüssel
- **Filigranes**, Brüssel
- **Peinture Fraiche**, Brüssel
- **Walther König Bozar**, Brüssel
- **Tropismes**, Brüssel
- **Wiels**, Brüssel
- **La Boverie, Librairie**, Lüttich
- **M-Shop**, Leuven
- **Mendo**, Amsterdam
- **San Serriffe**, Amsterdam
- **Gallery Boekie Woekie**, Amsterdam
- **Walther König, Stedelijk**, Amsterdam
- **Famous Amsterdam**, Amsterdam
- **Motta Art Books**, Eindhoven
- **Kröller Müller Museum**, Otterlo

In Mailand stechen gleich zwei Kunst- und Designläden hervor: Corso Como 10 und Bocca in der Galeria Vittorio Emmanuele.

10 schöne Kunstbuchläden Italien

- **Uffizien, Buchladen**, Florenz
- **Bocca,** Mailand
- **Taschen**, Mailand
- **Corso Como 10**, Mailand
- **Derbylius, Libreria Galleria d'Arte**, Mailand
- **Museo di Capodimonte, Bookshop**, Neapel
- **Bookabar**, Rom
- **Vatikanische Museen**, Buchladen, Rom
- **OOLP Library of Art**, Turin
- **Libreria Bertoni**, Venedig

In London beeindruckt der Tate Modern Shop durch schiere Größe, Walther König Serpentine eher durch eine intime Atmosphäre und die Konzentration auf Kunstbücher.

---

10 schöne Kunstbuchläden Großbritannien
- **Artwords**, London
- **Architectural Associations Bookshop**, London
- **ICA Bookshop**, London
- **The Tate Shop**, London
- **The Tate Modern Shop**, London
- **Tenderbooks**, London
- **Whitechapel Gallery bookshop**, London
- **Taschen**, London
- **Walther König Serpentine Gallery**, London
- **Tate Liverpool**, Shop

Was die übrigen europäischen Länder betrifft, gefielen mir die Läden im Guggenheim-Museum in Bilbao und im Fotografiska Fotomuseum in Stockholm besonders gut.

---

5 schöne Kunstbuchläden übriges Europa

- **Lukabuka**, Riga
- **Museo del Prado shop**, Madrid
- **Tienda Museo Reina Sofia**, Madrid
- **Tienda Museo Guggenheim**, Bilbao
- **Fotografiska**, Stockholm

In New York habe ich bisher erst Rizzoli besucht.

---

5 schöne Kunstbuchläden in Nordamerika

- **Rizzoli, New York- Art Institute Shop**, Chicago
- **Printed Matter**, New York
- **Museum of Fine Arts bookstore**, Boston
- **Metropolitan Museum of Arts Bookstore**, New York

Da sind sie nun, die 100 schönen Kunstbuchhandlungen.
Die Liste soll dazu anregen, schöne Buchläden, auch außerhalb dieser Liste, zu entdecken und zu besuchen, Wer weiß, wie lange es manche dieser Läden noch geben wird?

10. Künstlergräber

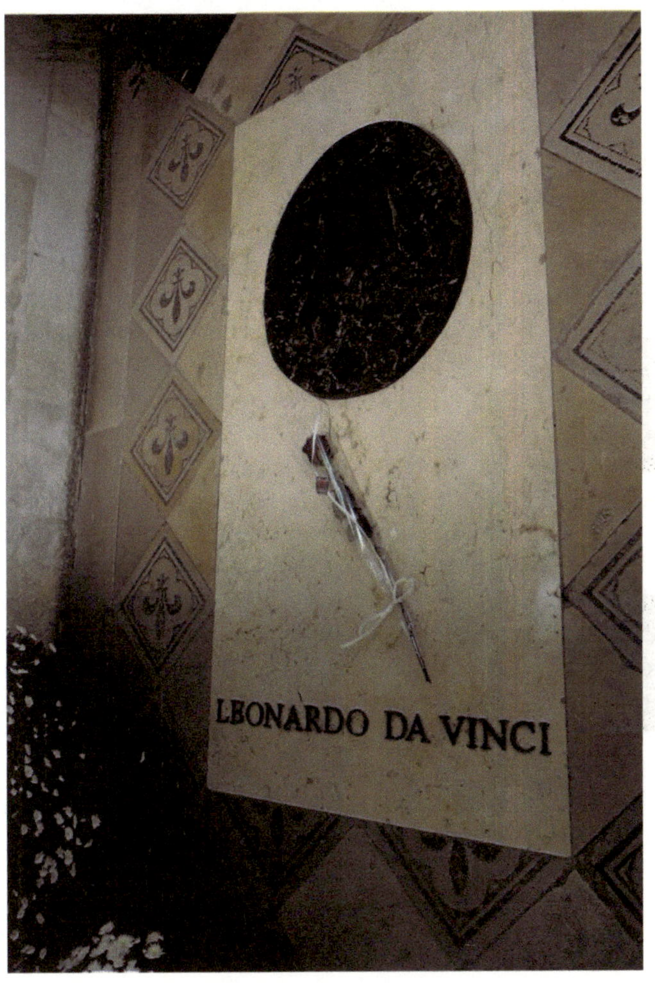

Leonardo-Grabplatte in der Kapelle des Schlosses von Amboise, wo er am 2. Mai 1519 starb.

Warum eigentlich ein Kapitel zu Künstlergräbern? Das ist eine längere Geschichte. Einmal fragte mich meine Sekretärin, was ich eigentlich mit den ganzen Kugelschreibern machte, da ich immer welche aus dem Magazin nachholte. Oft endeten sie in meiner Arbeitstasche und fanden von dort Wege in die weite Welt. Als ich einmal das Grab von Karl Marx auf Londons Highgate Cemetery besuchte, kam ich auf dem Weg dorthin am Grab des britischen Schriftstellers Douglas Adams vorbei. Dort war ein Becher aufgestellt, der voller Stifte war. Zufällig hatte ich einen Kugelschreiber dabei und steckte ihn dazu. Ich machte ein Foto, um meiner Sekretärin zeigen zu können, wo die Kugelschreiber eigentlich so blieben. Da kam ich auf die Idee, weitere Schriftstellergräber zu besuchen und dort Kugelschreiber zu hinterlassen, so an Brechts Grab auf dem Dorotheenstädtischen Friedhof in Berlin. Schließlich recherchierte ich weitere Schriftstellergräberstandorte und besuchte manche davon. Aus dieser Liste wurde dann ein kleines Kapitel in meinem Buch zu den Schriftstellerbeinamen. Warum so ein kleines Kapitel nicht auch im Malerbeinamenbuch? Künstlergräber könnten ja auch interessant gestaltet sein und hinterlegen manche dort eigentlich Pinsel statt Kugelschreiber? Wenn man in einer Stadt ist, die sonst wenig zu bieten hat, oder wenn man die traditionellen Sehenswürdigkeiten satt hat oder einen bestimmten Maler gut findet, warum dann eigentlich nicht auch mal das entsprechende Grab besuchen? Ich hoffe, die Liste regt zu solchen Besuchen an.

Deutschland

Berlin und Umgebung	
Dorotheenstädtischer Friedh.	Franz Krüger
Dreifaltigkeitsfriedhof Bergmannstr. Kreuzberg	Adolph von Menzel
Schönhauser Allee	Max Liebermann
Westfriedhof, Stahnsdorf	Lovis Corinth
Südwestkirchhof, Stahnsdorf	Heinrich Zille
Friedhof Heerstr.	Georg Grosz
Evangelischer Friedhof Schmargendorf	Max Pechstein
Waldfriedhof Dahlem	Karl Schmidt-Rottluff
Bonn	
Alter Friedhof	August Macke
Dresden	
Trinitatisfriedhof	Caspar David Friedrich
Düsseldorf	
Friedhof Heerdt	Joseph Beuys
Hamburg	
Hauptfriedhof Ohlsdorf	Philipp Otto Runge
Halle/Westfalen	
Südfriedhof	Otto Müller
Gertraudenfriedhof	Willi Sitte
Frankfurt am Main	
Hauptfriedhof	Jakob Becker
Leipzig	
Südfriedhof	Werner Tübke
Köln	
Melatenfriedhof	Sigmar Polke
	Ernst Wilhelm Nay
München	
Alter Südfriedhof	Carl Spitzweg
Waldfriedhof	Franz Stuck
Westfriedhof	Franz von Lenbach
Oldenburg (Oldenburg)	

Gertrudenfriedhof	Horst Janssen
Nürnberg	
Johannisfriedhof	Albrecht Dürer
	Anselm Feuerbach
Regensburg	
Augustinerkirche	Albrecht Altdorfer
Jakobskirchhof	Lucas Cranach der Ältere
Stuttgart	
Waldfriedhof	Oskar Schlemmer
Pragfriedhof	Willi Baumeister
Wiesbaden	
Russ. Friedhof	Alexeij von Jawlensky
Kleinere Orte	
Eutin, Friedhof Plöner Str.	(Vorname) Tischbein
Gaienhofen, Friedhof Hemmenhofen	Otto Dix Erich Heckel
Kochel am See, Friedhof	Franz Marc
Keilberg bei Aschaffenburg, Friedhof	Christian Schad
Langenargen, Friedhof	Hans Purrmann
Leinsweiler, Waldfriedhof	Max Slevogt
Lütjenburg, Friedhof	Willy Knoop
Murnau, Friedhof	Gabriele Münter
Seebüll, Nolde Museum, Garten	Emil Nolde
Seesen bei Goslar, Friedhof	Wilhelm Busch
St. Ingbert, Alter Friedhof	Albert Weisgerber
Strodehne, Friedhof	Werner Heisig
Wittenberg, Stadtkirche	Lucas Cranach der Jüngere
Worpswede, Friedhof	Paula Modersohn-Becker

Österreich

Wien	
Hietzinger Friedhof	Gustav Klimt
Ober St. Veiter Friedhof	Egon Schiele
Hütteldorfer Friedhof	Ernst Fuchs
Zentralfriedhof	Manfred Deix

Schweiz

Ascona, Friedhof	Marianne von Werefkin
Bern, Schlosshaldenfriedhof	Paul Klee
Davos, Waldfriedhof	Ernst Ludwig Kirchner
Ins, Friedhof	Albert Anker
Montreux, Cimetière de Clarens	Oskar Kokoschka
Genf, Saint Georges-Friedhof	Ferdinand Hodler

Belgien

Antwerpen, Sint-Jacobskerk	Peter Paul Rubens
Brüssel, Kapellenkirche	Pieter Bruegel der Ältere
Schaerbeek, Friedhof	René Magritte
Brügge, St. Giles	Hans Memling

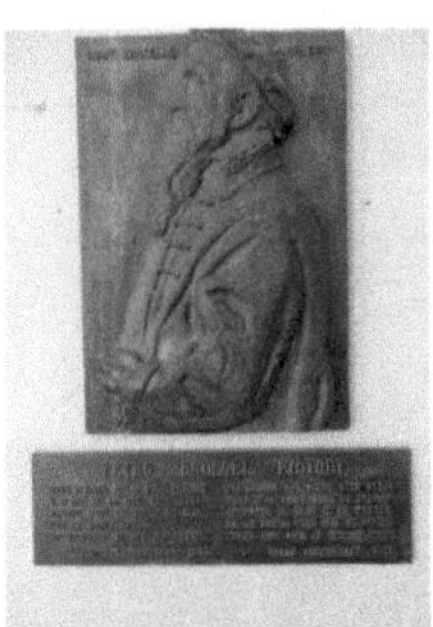

Bruegel Gedenktafel in der Kapellenkirche in Brüssel

Niederlande

Amsterdam, Westerkerk	Rembrandt
Delft, Oude Kerk	Jan Vermeer
Haarlem, St. Bavo	Van Ruysdael

Tschechien

Prag, Vysehrader Friedhof	Alfons Mucha

Großbritannien

London, St. Paul	J.M.W Turner
London, Old Chiswick Cemetery	James McNeill Whistler

Skandinavien

Oslo, Cemetery of Our Saviour	Edward Munch

Italien

Florenz, Basilika St. Croce	Michelangelo
Rom, Pantheon	Raffael
Rom, Chiesa di San Francisco a Ripa	De Chirico
Florenz, Cim. Evangelico degli Allori	Arnold Böcklin
Porto Ercole, CimeteroSan Sebastiano	Caravaggio

Frankreich

Paris	
Père Lachaise	Thèodore Géricault
	Camille Pissarro
	Honoré Daumier
Cimetière de Passy	Eduouard Manet
Cimetière de Montmartre	Edgar Degas
Andere Orte	
Neuilly sur Seine, Alter Friedhof	Wassily Kandinsky
Giverny, Famliengrab neben der Kirche	Claude Monet
Château de Vauvenargues	Pablo Picasso
Amboise, Schloss	Leonardo da Vinci
Auvers, Friedhof	Vincent Van Gogh
Nizza, Hauptfriedhof	Henri Matisse
Verdelais	Henri de Toulouse-Lautrec
Saint Paul de Vence, Städt. Friedhof	Marc Chagall
Bagneux, Cimetière	Henri Rousseau

Spanien

Figueras, Dali Museum	Salvador Dali
Toledo	El Greco
Barcelona, Cem. de Montjuic	Joan Miró

USA

Bethel, PA, St. John the Baptist Byzantine Catholic Cemetery	Andy Warhol
East Marion, NY East Marion Cemetary	Marc Rothko
East Hampton NY Green River Cemetary	Jackson Pollock
New Haven, Orange center Cemetary	Josef Albers
New York, Cypress Hills Cemetary, Brooklyn	Piet Mondrian
New York, Green-Wood Cemetary, Brooklyn	Jean-Michel Basquiat
Anamosa (Iowa), Riverside Cemetery	Grant Wood
Nyack, Oak Hill Cemetery	Edward Hopper
Hastings on Hudson, NY, Mt Hope Cemetary	Lyonel Feininger

Neuseeland

Hundertwassers Anwesen	Friedensreich Hundertwasser

<u>Anhang</u>

A1. Liste der Praemium Imperiale Preisträger Malerei

1989	Willem de Kooning	Niederlande
1989	David Hockney	UK
1990	Antonio Tàpies	Spanien
1991	Balthus	Polen/D/F
1992	Pierre Soulages	Frankreich
1993	Jasper Johns	USA
1994	Zao Wou-Ki	China/F
1995	Roberto Matta	Chile
1996	Cy Twombly	USA
1997	Gerhard Richter	Deutschland
1998	Robert Rauschenberg	USA
1999	Anselm Kiefer	Deutschland
2000	Ellsworth Kelly	USA
2001	Lee Ufan	Korea
2002	Sigmar Polke	Deutschland
2003	Bridget Riley	UK
2004	Georg Baselitz	Deutschland
2005	Robert Ryman	USA
2006	Yayoi Kusama	Japan
2007	Daniel Buren	Frankreich
2008	Richard Hamilton	UK
2009	Hiroshi Sugimoto	Japan
2010	Enrico Castellani	Italien
2011	Bill Viola	USA
2012	Cai Guo-Qiang	China
2013	Michelangelo Pistoletto	Italien
2014	Martial Raysse	Frankreich
2015	Tadanori Yokoo	Japan
2016	Cindy Sherman	USA
2017	Shirin Neshat	Iran
2018	Pierre Alechinsky	Belgien
2019	Mona Hatoum	Palästina/UK

A2. Kunstkompass-Liste der wichtigsten Gegenwartskünstler (2019)

1	Gerhard Richter	Deutschland	Malerie
2	Bruce Nauman	USA	Video-Kunst
3	Georg Baselitz	Deutschland	Malerei
4	Rosemarie Trockel	Deutschland	Objektkunst
5	Cindy Sherman	USA	Fotografie
6	Tony Cragg	UK	Skulptur
7	Anselm Kiefer	Deutschland	Malerei
8	Olafur Eliasson	Dänemark	Skulptur
9	William Kentridge	Südafrika	Zeichnung, Film
10	Pipilotti Rist	Schweiz	Video-Art
11	Richard Serra	USA	Skulptur
12	Imi Knoebel	Deutschland	Malerei
13	Jeff Koons	USA	Skulptur
14	Thomas Schütte	Deutschland	Skulptur
15	Andreas Gursky	Deutschland	Fotokunst
16	Mona Hatoum	Uk	Installation
17	Lawrence Weiner	USA	Konzeptkunst
18	Christian Boltanski	Frankreich	Installatiion
19	Thomas Ruff	Deutschland	Fotokunst
20	Bill Viola	USA	Videokunst

A3. Listology- the 100 best paintings (top 20)

Title	Painter	Year	Museum
Garden of delights	H. Bosch	1504	Prado, Madrid
Universal Judgement	Michelangelo	1541	Sixt. Kapelle, Rom
Europe after the rain	Max Ernst	1942	Sumner, Hartford
Beethovenfries	Gustav Klimt	1902	Secession, Wien
Persistence of Memory	Salvador Dali	1931	Moma, New York
The Virgin	Gustav Klimt	1913	Nationalgallerie, Prag
The Last Judgement	H. Bosch	1505	Gemäldegalerie d. Akademie, Wien
The Kiss	Gustav Klimt	1908	Belvedere, Wien (?)
Allegoria della Primavera	Botticelli	1478	Uffizien, Florenz
Nimphee	Monet	1926	Orangerie, Paris
Metamorphose de Narcisse	Salvador Dali	1937	Tate, London
Il Cenacolo	Leonardo	1497	Santa Maria delle Grazie, Mailand
Fall of the Damned	Rubens	1620	Alte Pinakothek, München
Battaglia di San Romano	Uccello	1456	Uffizien Florenz
Starry Night		1889	Museum of Modern Art, New York
Sposalizio delle Vergine	Raffaello	1504	Piunacoteca di Brera, Mailand
Soft construction with boilded beans	Salvador Dali	1936	Museum of Art, Philadelphia
Triumph of Death	Bruegel	1562	Prado, Madrid
??	??	??	Uffizien, Florenz
The Adoration of the Magi	Rubens	1609	Prado, Madrid

A4. The most amazing pieces of artwork ever made (Top 25) Ranker.com

	Title	Painter	Year
1	Sistine chapel ceiling	Michelangelo	1508-12
2	The Starry Night	Van Gogh	1889
3	Birth of Venus	Botticelli	1485
4	The Last Supper	Leonardo	1497
5	Persistence of Memory	Salvador Dali	1931
6	Pieta	Michelangelo	1504
7	David	Michelangelo	1501-04
8	Garden of Earthly Delighst	H. Bosch	1504
9	School of Athens	Raffael	1500-1511
10	Mona Lisa	Leonardo	1503
11	Girl with a Pearl Earring	J. Vermeer	
12	Creation of Adam	Michelangelo	
13	Primavera	Botticelli	1478
14	Sunday afternoon on the island of La Grande Jatte	GP. Seurat	
15	The Scream	Edvard Munch	
16	The Night Watch	Rembrandt	
17	Nighthawks	Edward Hopper	
18	The thinker	Auguste Rodin	
19	Great Sphinx of Giza		Ca. 2500 vC
20	The Kitchen Maid	Jan Vermeer	1657-58
21	The Astronomer	Jan Vermeer	1668
22	Lascaux Caves	??	15 000 BC
23	The Lady of Shalott	John William Waterhouse	1833
24	The Calling of St. Matthew	Caravaggio	1599-1600
25	The Battle of Alexander at Issus	A.Altdorfer	1529

A5. Die 30 populärsten Kunstmuseen weltweit

Museum	Stadt	Besucher (Mio., 2018)
Louvre	Paris	10.2
Chinesisches Nationalmuseum	Peking	8.6
Metropolitan	New York	7.0
Vatikanische Museen	Vatikan	6.8
Tate Modern	London	5.9
British Museum	London	5.8
National Gallery	London	5.7
National Gallery of Art	Washington	4.4
Eremitage	St. Petersburg	4.2
Victoria&Albert Museum	London	4.0
Reina Sofia	Madrid	3.9
National Palace Museum	Taipeh	3.9
Prado	Madrid	3.7
MNAM, Centre Pompidou	Paris	3.6
National Museum Korea	Seoul	3.3
Musée d´Orsay	Paris	3.3
Somerset House	London	3.1
Kreml Museum	Moskau	2.9
Metropolitan Art Museum	Tokio	2.8
Museum of Modern Art	New York	2.8
National Art Centre	Tokio	2.7
National G. of Victoria	Melbourne	2.6
Tokio Nationalmuseum	Tokio	2.4
Donal W. Reynolds Center	Washington	2.3
Rijksmuseum	Amsterdam	2.3
Uffizien	Florenz	2.2
National Museum of Scotland	Edinburgh	2.2
Van Gogh Museum	Amsterdam	2.2
Tretjakov Gallerie	Moskau	2.1
Shanghai Museum	Shanghai	2.1

Quelle: Wikipedia (The Art Newspaper)

A6. Die 20 populärsten Kunstmuseen Deutschland

Museum	Stadt	Besucher (Mio)
Pergamonmuseum	Berlin	1.4
Neues Museum	Berlin	0.6
Gemäldegalerie Alter Meister	Dresden	0.6
Neue Nationalgalerie	Berlin	0.4
Städel	Frankfurt	0.4
Kunsthalle	Hamburg	0.4
Neues Grünes Gewölbe	Dresden	0.4
Alte Nationalgalerie	Berlin	0.3
Hamburger Bahnhof	Berlin	0.3
Gemäldegalerie	Berlin	0.3
Germanisches Nationalmuseum	Nürnberg	0.3
Staatsgalerie	Stuttgart	0.2
Wallraff-Richartz-Museum	Köln	0.2
Sprengel Museum	Hannover	0.2
Alte Pinakothek	München	0.2
Museum Folkwang	Essen	0.2
Museum Bildende Künste	Leipzig	0.1
Kunsthalle	Mannheim	0.1
Kunsthalle	Bremen	0.1
Albrecht Dürer-Haus	Nürnberg	0.06

A7. AICA Deutsches Museum des Jahres

Jahr	Museum	Stadt
2004	Museum Kurhaus	Kleve
2005	Staatliches Museum	Schwerin
2006	Joseph-Albers Museum Quadrat	Bottrop
2007	Museum Wiesbaden	Wiesbaden
2008	Kupferstichkabinett	Dresden
2009	Museum Morsbroich	Leverkusen
2010	Kunstsammlungen Chemnitz	Chemnitz
2011	Museum für Gegenwartskunst	Siegen
2012	Städelsches Kunstinstitut	Frankfurt
2013	Kolumba	Köln
2014	MARTa	Herford
2015	Kunstmuseum	Ravensburg
2016	Abteiberg	M. Gladbach
2017	Sprengel Museum	Hannover
2018	Ludwig Forum	Aachen

A8. Museumsumbauten – Wiedereröffnung 2019-2020

Monat	Museum	Stadt
2019		
Januar	Kunstforum Hermann Stenner	Bielefeld
April	Kunstmuseum am Inselbahnhof	Lindau
2020		
Frühjahr	Christian Schad Museum	Aschaffenburg
Herbst	Humboldtforum	Berlin
Winter	Küppersmühle (Erweiterung)	Duisburg

A9. 100 Kunstmuseen in Deutschland

Deutschland	
Berlin	**Gemäldegalerie** Di-So 11-18, Do-20 Matthäikirchplatz www.smb.museum
	Alte Nationalgalerie Bodestr. (Mitte) Di-So 11-18, Do-20 www.smb.museum
	Altes Museum Am Lustgarten Di-So 11-18, Do-20 www.smb.museum
	Bode-Museum Am Kupfergraben Di-So 11-18, Do-20 www.smb.museum
	Museum Berggruen Schloßstr. 1 Di-So 11-18 www.smb.museum
	Hamburger Bahnhof Invalidenstr. 50-51 Di, Mi, Fr 10-18, Do 10-20, Sa, So 11-18 www.smb.museum
	Pergamonmuseum Bodestr. Mo-So 10-18, Do-20 www.smb.museum
	Sammlung Scharf-Gerstenberg Schloßstr. 70 Di-Fr 10-18, Sa, So 11-18 www.smb.museum

Berlin	**Berlinische Galerie** Alte Jakobstr. 124-128 Mi-Mo 10-18 www.berlinischegalerie.de
	Bröhan Museum Schloßstr. 1a Di-So 10-18 www.broehan-museum.de
	Brücke Museum Bussardsteig 9 Mi-Mo 11-17 www-bruecke-museum.de
	Haus am Waldsee Argentinische Allee 30 Di-So 11-18 www.hausamwaldsee.de
	Heinrich Zille Museum Probst Str. 11 Mo-Sa 11-18, So 13-18 www.zillemuseum-berlin.de
	Georg-Kolbe-Museum Sensburger Allee 25 Mo-So 10-18 www.georg-kolbe-museum.de
	Liebermann Villa am Wannsee Colomierstr. 3 Mi-Mo 10-18 www.liebermann-villa.de
	Kollwitz Museum Fasanenstr. 24 Mo-So 11-18 www.kaethe-kollwitz.de
	Dali Museum Leipziger Pl. 7 Di –Sa 12-20, So 10-20 www.daliberlin.de

Baden-Baden	**Museum Frieder Burda** Lichtentaler Allee 8b Di-So 10-18 www.museum-frieder-burda.de
Bielefeld	**Bielefeld Kunsthalle** Artur Ladebeckstr. 5 Di-Fr 11-18, Sa 10-18, So 11-18, Mi 11-21 www.kunsthalle-bielefeld.de
	Kunstforum Hermann Stenner Obernstr. 48 Mi-Fr 14-18, Sa, So 11-18 https://kunstforum-hermann-stenner.de
Bochum	**Museum unter Tage** Mi-Fr 14-18, Sa-So 12-18 Schlosspark www.situaion-kunst.de
Bonn	**August Macke Haus** Bornheimer Str. 96 Di-Fr 14:30-18, Sa, So 11-17 www.august-macke-haus.de
	Bundeskunsthalle Friedrich-Ebert-Allee 4 Di. Mi 10-21, Do-So 10-19 www.bundeskunsthalle.de
	Kunstmuseum Bonn Friedrich-Ebert-Allee 4 Di-So 11-18, Mi 11-21 www.kunstmuseum-bonn.de
Bremen	**Kunsthalle** Am Wall 207 Di 10-21, Mi-So 10-17 www.kunsthalle-bremen.de
	Weserburg. Museum für moderne Kunst Teerhof 20 Di-So 11-18, Do-20 www.weserburg.de

	Paula Modersohn-Becker-Museum Di-So 11-18 Böttcherstr. 6-10 Musee.boettcherstr.de
	Gerhard-Marcks-Haus Am Wall 208 Di-So 10-18, Do-21 www.marcks.de
Dortmund	**Museum Ostwall** Leonie-Reygers Terrasse 2 Di-So 11-18, Do, Fr-20 www-dortmunder-u.de
Dresden	**Gemäldegalerie Alter Meister** Zwinger Di-So 10-18 www.skd.museum
	Albertinum-Galerie Neue Meister Tzschirnerpl. 2 Di-So 10-18 www.albertinum.skd.museum
	Kupferstichkabinett Dresden Residenzschloss Di-So 10-18 www.kupferstichkabinett.skd.museum
Düsseldorf	**Museum Kunstpalast** Ehrenhof 4-5 Di-So 11-18, Do -21 www.smkp.de
	Kunstsammlung NRW, K20 Grabbe Platz 5 Di-Fr 10-18, Sa-So 11-18 www.kunstsammlung.de
	Kunstsammlung NRW, K21 Ständehausstr. 1 Di-Fr 10-18, Sa-So 11-18 www.kunstsammlung.de

Duisburg	**Museum DKM** Güntherstr. 13-15 Sa, So 12-18 Dkm.31m.de
	Museum Küppersmühle Innenhafen Duisburg, Philosophenweg 45 Mi 14-18, Do-So 11-18 www.museum-kueppersmuehle.de
	Lehmbruckmuseum Friedrich-Wilhelm-Str. 40 Di-Fr 12-17, Sa, So 11-17 www.lehmbruckmuseum.de
Emden	**Kunsthalle Emden** Hinter dem Rahmen 13 Di-Fr 10-17, Sa-So 11-17 www.kunsthalle-emden.de
Erfurt	**Angermuseum** Anger 18 Di-So 10-18 http://www.erfurt.de/ef/de/erleben/kunst/angermuseum/
	Forum konkrete Kunst Petersberg 14 Mi-So 10-18 www.forum-konkrete-kunst-erfurt.de
Erlangen	**Kunstmuseum** Nürnberger Str. 9 Di-Fr 11-18, Sa, So 11-16 www.erlangen.de
Essen	**Museum Folkwang** Museumspl. 1 Di-So 10-18, Do, Fr-20 www.museum-folkwang.de
Flensburg	**Museumsberg Flensburg** Museumsberg 1 Di-So 10-17 www.museumsberg-flensburg.de

Freiburg	**Augustinermuseum** Augustinerplatz Di-So 10-17 http://www.freiburg.de/pb/,Lde/237748.html
	Museum für Neue Kunst Marienstr. 10a Di-So 10-17 www.freiburg.de
Fulda	**Vonderau Museum** Jesuitenpl. 2 Di-So 10-17 www.museum-fulda.de
Frankfurt	**Museum für Angewandte Kunst** Schaumainkai 17 Di-So 10-18, Mi-20 www.museumangewandtekunst.de
	Museum für Moderne Kunst Domstr. 10 Di-So 10-18, Mi-20 mmk-frankfurt.de
	Schirn Römerberg Di-So 10-19, Mi, Do-22 www.schirn.de
	Städel Schaumainkai 63 Di-So, 10-18, Do, Fr -21 www.staedelmuseum.de
Gotha	**Herzogliches Museum** Schloss Friedenstein Mo-So 10-17 http://www.stiftungfriedenstein.de/herzogliches-museum

Hamburg	**Kunsthalle** Glockengießerwall Di-So 10-18, Do-21 www.hamburger-kunsthalle.de
	Bucerius Kunst Forum Rathausmarkt 2 Mo-So 11-19, Do-21 www.buceriuskunstforum.de
	Ernst Barlach Haus Baron Voght Str. 50a Di-So 11-18 Barlach-haus.de
	Museum für Kunst und Gewerbe Steintorplatz Di-So 10-18 Mkg-hamburg.de
Heidelberg	**Kurpfälzisches Museum** Hauptstr. 97 Di-So 10-18 https://www.museum-heidelberg.de/
Hamm	**Gustav Lübcke-Museum** Neue Bahnhofstr. 9 Di-Sa 10-17, So 10-18 www.hamm.de/gustav-luebcke-museum
Ingolstadt	**Museum für konkrete Kunst** Tränktorstr. 6-8 Di-So 11-17 www.mkk-ingolstadt.de
Isny	**Kunsthalle im Schloss** Schloss 1 Mi-Fr 14-18, Sa-So 11-18 Kunsthalle-schloss-isny.de

Karlsruhe	**Staatliche Kunsthalle Karlsruhe** Hans-Thoma Str. 2-6 Di-So 10-18 www.kunsthalle-karlsruhe.de
	ZKM Lorenzsstr. 19 Mi-Fr 10-18, Sa, So 11-18 www.zkm.de
Kaisers-lautern	**Pfalzgalerie** Museumsplatz 1 Di 11-20, Mi-So 11-17 www.mpk.de
Kassel	**Museum Schloss Wilhelmshöhe** Schlosspark 1 Di-So 10-17 www.museum-kassel.de
Kiel	**Kunsthalle Kiel** Düsternbrooker Weg 1 Mo-So 10-18, Mi-20 www.kunsthalle-kiel.de
Koblenz	**Ludwig Museum** Danziger Freiheit 1 Di-So 10-18 www.ludwigmuseum.org
Köln	**Museum Ludwig** Heinrich-Böll-Platz Di-So 10-18 www.museum-ludwig.de
	Kolumba Kolumbastr. 4 Mi-Mo 12-17 www.kolumba.de
	Wallraf-Richartz-Museum Obenmarspforten 40 Di-So 10-18, Do -21 www.wallraf.museum

Krefeld	**Kaiser-Wilhelm-Museum** Karlsplatz 35 Di-So 10-18 www.kunstmuseenkrefeld.de
Leipzig	**Museum für Bildende Künste** Katharinenstr. 10 Di-So 10-18, Mi -20 www.mdbk.de
	Grassi Museum für angewandte Kunst Johannisplatz 5-11 Di-So 10-18 www.grassimuseum.de
Leverkusen	**Schloss Morsbroich** Gustav-Heinemann Str. 80 Di-So 11-17 www.museum-morsbroich.de
Magdeburg	**Kloster Unser Lieben Frauen** Regierungsstr. 4-6 Di-Fr 10-17, Sa-So 10-.18 www.kunstmuseum-magdeburg.de
Mannheim	**Kunsthalle** Friedrichsplatz 4 Di-So 11-18, Mi -20 www.kunsthalle-mannheim.de
Mülheim an der Ruhr	**Kunstmuseum** Synagogenplatz 1 Di-So 11-18 www-muehlheim-ruhr.de/cms
München	**Alte Pinakothek** Barer Str. 27 Di-So 10-18, Di-20 www.pinakothek.de
	Neue Pinakothek Barer Str. 29 Mi-Mo, 10-18, Mi-20 www.pinakothek.de

	Pinakothek der Moderne Türkenstr. 15 Di-So 10-18, Do -20 www.pinakothek.de
	Museum Brandhorst Theresienstr. 35a Di-So 10-18, Do -20 www.pinakothek.de
	Haus der Kunst Prinzregentenstr. 1 Mo-So 10-20 www.hausderkunst.de
	Sammlung Schack Prinzregentenstr. 9 Mi-So 10-18 www.pinakothek.de
Nürnberg	**Albrecht-Dürer-Haus** Albrecht-Dürer-Str. 39 Di, Mi, Fr 10-17, Do 10-20, Sa, So 10-18 Museeun.nuernberg.de/duererhaus
	Germanisches Nationalmuseum Kartäusergasse 1 Di-So 10-18, Mi-21 www.gnm.de
	Neues Museum Luitpoldstr. Di-So 10-18, Do-20 www.nmn.de
Oldenburg	**Horst-Janssen Museum** Am Stadtmuseum 4-8 Di-So 10-18 www.horst-janssen-museum.de
Osnabrück	**Felix-Nussbaum-Haus** Lotterstr. 2 Di-Fr 11-18, Sa,So 10-18 www.osnabruueck.de/fnh/

Ravensburg	**Kunstmuseum** Burgstr. 9 Di-So 11-18, Do -19 www.kunstmuseumn-ravensburg.de
Regensburg	**Städtische Galerie im Leeren Beutel** Bertoldstr. 9 Di-So 10-17 www.regensburg.de
	Kunstforum Ostdeutsche Galerie Dr. Johann Maier Str. 5 Di-So 10-17, Do-20 www-kog-regensburg.de
Rostock	**Kunsthalle** Hamburger Str 40 Di-So 11-18 www.kunsthallerostock.de
	Kulturhistorisches Museum Klosterhof 7 Di-So 10-18 www.kulturhistorisches-museum-rostock.de
Saarbrücken	**Saarlandmuseum Moderne Galerie** Bismarckstr. 11-19 Di-So 10-18, Mi-22 www.saarbruecken.de
Schweinfurt	**Museum Georg Schäfer** Brückenstr. 20 Di-So 10-17 www.museumgeorgschaefer.de
Schwerin	**Galerie Alte und Neue Meister** Di-So 11-17 (Sommerhalbjahr-18) Alter Garten 3 www-museum-schwerin.de
Ulm	**Kunsthalle Weishaupt** Hans-und –Sophie-Scholl Platz 1 Di-So 11-17, Do-20 Kunsthalle-weishaupt.de

	Ulmer Museum Marktplatz 9 Di-So 11-17 www.ulm.de/kultur-tourismus/museen
Wuppertal	**Von der Heydt-Museum** Turmhof 8 Di-So 11-18, Do-20 www.von-der-heydt-museum.de
Wiesbaden	**Museum Wiesbaden** Friedrich-Ebert-Allee 2 Di-So 10-17, Di, Do-20 Museum-wiesbaden.de
Zwickau	**Kunstsammlung Zwickau/Max Pechstein Museum** Lessingstr. 1 Di-So 13-18 https://www.kunstsammlungen-zwickau.de/

Literatur

Brigitte Beier, Matthias Herkt, Bernd Pollmann (Redaktion)
Harenberg Lexikon der Sprichwörter und Zitate
Dortmund 2002

Günther Drosdowski (Hrsg.)
Duden Zitate und Aussprüche
Mannheim 1993

Peter Dittmar
Künstler beschimpfen Künstler
Stuttgart 2008

Stephen Farthing
1001 Paintings you must see before you die
London 2011

Will Gompertz
Think like an artist
London 2015

Susie Hodge
Art in Minutes - 200 concepts explained in a minute
London 2015

Diana Mazzoni
50 Klassiker Maler
Hildesheim 2008

Christian Saehrendt, Steen T. Kittl
Ist das Kunst oder kann des weg?
Köln 2016

Geoff Tibballs
The Mammoth Book of Comic quotes
London 2004

Martin Warnke
Künstlerlegenden
Göttingen 2019

Webseiten

Louvre
www.louvre.fr

Top 100 Masterpieces - World's Most Famous Paintings

https://www.brushwiz.com/most-famous-paintings/

The 10 most famous paintings in the world
www.Worldatlas.com

The 200 Best paintings of All Time
www.ranker.com

Artindex 2019
https://www.lejournaldesarts.fr/creation/artindex-2019-kader-attia-supplante-anri-sala-143783

Fathers of art
https://www.parkwestgallery.com/the-fathers-of-art/

Find a grave
https://www.findagrave.com

Witze

http://www.jokes4us.com/peoplejokes/painterjokes.html

Zitate

www.zitate.de

www.zitate-online.de

https://de.wikiquote.org

Anekdoten

www.anecdotage.com

Weitere Bücher von Richard Deiss

Siehe www.bod.de

Kaufhaus der Worte
222 Buchläden, welche man kennen sollte
Norderstedt 2014

Erdkunde ist König
111 Reisebuchhandlungen, welche man kennen sollte
Norderstedt 2019

Plattenbau-Proust und Detroit-Dickens
Schriftstellerbeinamen und Buchfakten, welche Ihnen gerade
noch gefehlt haben.
Norderstedt 2019